教育の原理

歴史・哲学・心理からのアプローチ

光川 康雄
中川 吉晴
井上 智義

樹村房
JUSONBO

はじめに──鼎談１──

光川　はしがきに代えて，本書『教育の原理──歴史・哲学・心理からのアプローチ──』の内容や大学などの「教育原理」という科目について，３人で話し合ってみようと思います。まず，この本の出版意図について，井上先生，くわしくご説明をお願いします。

井上　はい，それではご指名ですので失礼して，この本の出版意図みたいなものについて，話をさせてもらいたいと思います。ちょっと長くなりますけど。

　「教育原理」や「教育学概論」のような科目名の授業が，教職課程では必修として，しかも最も重要な科目の一つとして位置づけられているわけですね。教育学の基礎知識というか，これがけっこう難しい内容が含まれているわけです。しかも，この科目を一年次に履修する学生さんが多いので，なかなかとっつきにくい側面のある科目じゃないかなと，ずっと考えていました。私が学生のときの40年以上も前の話で恐縮ですが，私が受けた教育学概論は，先生には悪いんですけど，ちっとも面白くなかった。理解できなかったというのが素直な感想でした。もちろん，私のほうにも問題はあったのですが。

　私も教育に関心があって，教育学部に入学したわけですが，現実の教育問題が一度も出てこない，授業の内容は昔の偉い人の話に終始している。今なら，もちろん聴きたい話はいっぱいあるのですが，その頃，大学生になったばかりの学生にとっては，格式が高すぎるというか，雲の上の話を聞かされているようで，少なくとも私には，ほとんど理解できなかった，というか，興味がもてなかったのです。

　そこで，いろいろと調べてみると，大学の授業の多くはそうなので，それが悪いとも言い切れないのですが，教育学の専門の先生が，ご自分の一番得意な専門分野のお話をされていることが多いんですね。大学院の授業ならそれでいいのですが，繰り返しになりますが，学部の一年次生が受講するのですから，やはり，教育学入門のような側面があっていいんじゃないかと，そう思うのです。

光川　おっしゃることは，よくわかります。教育学という学問は，高校までの

勉強では，学ばない科目ですからね。とはいえ，学校などで教育は身をもって体験していますから。井上先生と大学は違いますが，私や中川先生も，大学の学部は教育学専攻です。（笑）
井上 もちろん，存じ上げております。ですから，私も教育学の大切な考え方や，過去の偉大な思想家たちの想いや考えを理解することは重要だと思うんですよ。でも，それを理解してもらうためには，十分な解説というか，実際の教育の具体的な話が，それぞれにどのように関連しているのかの説明が必要だと思っているのです。そうでないと，なかなか高尚な専門的な話は理解できないのではと。
光川 そうですね。実際にこうやって教える側になってみると，自分が大学で授業を受けていた時のことを，ともすれば忘れがちです。
　学びと教えの違いは，講義の中では注意している大切な点なのですが。それに私は，両方の間にブランクもありましたし。
井上 光川先生は，新聞記者をされてたんですよね。当然，現代の教育問題にも意識が高いと思います。先ほどの話に戻りますが，本書の出版は，教育学の専門家が一人で自分の得意な分野について解説するのではなく，3名の専門領域が全く異なる教育学者が，自分の専門だけが教育学ではないという，当たり前の意識をもって，できるだけ，他の専門の人や，学部の一年次生にもわかりやすいような解説を付けて紹介しようという趣旨と想いで企画しました。ですから，自分が大切だと考えている専門の領域について語るのは，もちろんそうなのですが，3名で書いているのですから，当然，厚みが出るというか，話の幅は広くなると信じています。
光川 そうですね。大学の教育原理を10年以上教えてきましたが，最初の頃は大人数のクラスもあって，なかなかうまくこれまでのテキストをこなせていなかったと感じています。当時の受講してくれた学生諸君には申し訳ない気持ちでいっぱいです。
　この科目の受講生のニーズと合致していないように思う時もよくありました。言い訳ですが，私は初めには一般教養の日本史を長く教えていましたから，教育の歴史にどうしても力点を置いてしまいます。日本人の過去の学びの姿勢を強調していたら，「歴史だ」と批判されました。学問に限定しているつ

もりなのですが。
　では，私よりも長く教育原理を担当されてきた中川先生は，この講義とテキストの関係をどのようにとらえられていますか。

中川　私は一時期，教育原理のテキストを数多く収集したことがあります。そのようなことをする人は，まずいないと思いますが，教育原理の授業をどうすればいいかと考えあぐねていたので，いろいろ参考にしてみようと思いました。しかし，どのテキストも，しっかり書かれているものの，たいていは面白味に欠け，自分自身ですら読み通すことができないようなものでした。これでは学生も大変ではないかと思い，使い勝手の悪いテキストは使用しないで，むしろ興味のもてるようなトピックをとりあげて授業を続けていました。

光川　テキストを使用しないと，講義で利用するレジュメの準備や印刷などは大変時間がかかりますよね。講義を休んでいた学生が翌週取りにきたりするとか，雑用が増えますよね。
　中川先生は，看護などの専門学校でも「教育原理」を担当されていましたよね。

中川　そうです。なにぶん専門とはあまり関係のない教育学の授業なので，そのときの学生たちには申し訳ないような授業もあったと思います。今回のテキストは，ただ分量ばかりが多くて内容を消化しきれないような従来のテキストとは異なり，一つひとつの項目が非常にコンパクトにまとめられています。字数の関係で説明が少なすぎるように見えるところもありますが，講義のなかでは，むしろ時間をかけずに，うまく活用することができます。また，予習や復習にもたいへん便利です。3名による共著という内容面の広がりもありますが，テキストとしての使いやすさは本書の強みだと思います。

光川　なるほど。さて，私たち3人はそれぞれ専門が違うのですが，井上先生から「歴史で何がわかりますか？」と，聞かれてもきちんと答えられるように教えているつもりですが，学生に通じているか疑問に感じる場合もあります。過去の話と現実の問題との関連の理解が苦手のようです。私も現在やわずかながらでも未来も生きるつもりなんですが……。井上先生の場合，心理学で教育はどの程度わかるものでしょうか。

井上　いやいや，光川先生には，まだまだ活躍いただかないといけないのです

が，確かに未来に向けての教育学というような視点も必要かもしれませんね。

「過去の歴史で何がわかるのか？」というような偉そうなことをいう気はないんですよ。先ほどの発言がそのように受け取られたとすると，お詫びしたいと思います。過去を学ばないと未来の展望はもてないわけですから，偉大な先人たちの知恵を学ぶことは，もちろん有意義だと思います。

ご質問への答えですが，心理学が教育にどの程度貢献できるのかということについてですが，これもなかなか難しい問題だと認識しています。じつは，私はもともと実験心理学者だったのですが，重箱の隅をつつくような細かな話ばかりしていました。読書時の眼球運動とか，同音異義語の理解に必要な反応時間とか，そんなこと調べて何になるの，というのが，私の修士論文でした。

しかし，自分一人でできる内容には限界があるのですが，心理学者もいっぱいいるわけですから，多くの人たちがさまざまな領域でいろんな結論を導き出しているのですね。それらを勉強することによって，教育の分野にも発言することは大いに可能だと思います。たとえば，早くから漢字を覚えさせる早期教育に，どのような意味があるのかと問われたときに，少なくとも，そういう効果は一時的なもので，頑張ってやっても意味がないとか，遊びの時間を削ってまで，そのようなことをしても，子どもためにはならないとか，そういうことは，けっこう自信をもって言える気はします。

光川　なるほど，よくわかりました。井上先生は，認知心理学がご専門だと思い込んでいました。

井上　ええ，かつては一応，認知心理学もやってたんですけど，今は勉強不足で，新しいことについていけなくて。この際，私も教育学者と名乗ってもいいでしょうか。本書では，心理学の内容を直接扱うのではなく，教育学本来の内容を議論しているつもりです。お二人の先生と比べて，もちろん教育理論や教育史には疎いのですが，その分，できるだけ現代の教育問題に関係する内容をとりあげたいと思い，本書の執筆するトピックも選定しました。心理学の人たちからすると，もはや，ここで私が書いている内容は，心理学の話からは逸脱していると思います。教育学者の仲間入りをさせてもらえないなら，私はどちらの学会からも締め出されてしまいそうです。

光川　いえいえ，そんなことはありませんよ。井上先生の幅広く興味深いテー

マ選定には，企画段階から関心を持たせていただいています。学生諸君が一番聞きたいトピックではないでしょうか。

　中川先生の場合，教育思想からのアプローチではどうでしょうか。あるいは，西洋の教育が日本の現代の教育問題にどのように反映できるとお考えでしょうか。

中川　私が担当したⅡ部の前半では，欧米の教育思想史のなかから，重要な人物や考え方をとりあげています。西洋の教育や教育学は，教育や学習についての基本理念や方向性を示しており，教育という現象を理解するうえでいまでも役に立ちます。近代以降の日本の教育もそれらに大きく影響され，基本的にはその流れのなかにあります。

　しかしながら，西洋の教育論は，それ自体の暗黙の前提や価値観に制約を受けていることも確かです。たとえば，理性的な個人の形成といった教育理念は，西洋の伝統的な人間観を反映したものでしょう。そうした制約を理解するとともに，東洋的・日本的な人間形成のモデルについても考えていくことは重要であると思います。現在は，西洋教育一辺倒の従来の風潮から抜け出し，より包括的な教育論を生みだしていく時期に差しかかっていると思います。そのためには，本書で試みているように，いろいろな分野の人たちが対話をすることが必要です。

光川　そう思いますね。先ほどの井上先生のお話にもありましたが，研究分野の異なる私たち3人の対話も効果があるとうれしいですね。

井上　ほんと，そのように思っています。教育思想も，同じ領域だけだと限界があると。

中川　そうですね。ところで，その一方で興味深いことなのですが，このような脱構築の動きは，最近では，西洋の教育論自体にも起こっていることなのです。多文化社会とグローバル時代の到来もあり，西洋の教育論のなかに，東洋をふくめた多様な文化から，さまざまな考えや方法が取り入れられるようになっています。この20年ほどのあいだで教育学はかつての面白味のないものから一変して，非常に創造的な展開を見せるようになってきています。Ⅱ部の後半では，そうした議論のなかから，現在では主流の教育のなかでも論じられるようになった諸動向をとりあげています。それには，ホリスティッ教育，ケアリ

ング，スピリチュアリティ，観想教育，感情や身体の教育など，興味深いテーマや実践があります。これらは日本の教育問題の解決に向けても貢献してくれるものだと思います。その意味では私たちは，あらためて西洋の教育から学ぶべきことがあるように思います。

光川　ありがとうございました。お二人のご意見をうかがって，私もさまざまな刺激を受けました。

　教育という行為じたいは誰もが体験しているため，教育私観というか私的な教育論のような考えをもちがちなので，それらを生かしつつ，教育学という科学に引きつけていくのが難題だと思っています。時代は違っても，人間そのもののメンタル面は，共通する部分もあるというのが私の見解の根底にあります。

　そこで，古代人や中世人，さらに近世人それぞれが「自学」という概念をどのようにとらえていたかをトピックの素材に考えました。もちろん，私の関心があり，研究したことのあるテーマになりましたが。近代は，広く教育文化史の展開という面から従来個別の分野の方々だけが考察したトピックもあります。

　『小倉百人一首』や『風姿花伝』などの古典をはじめ，唱歌や遊び歌の歌詞に注目するなどの文化史学の方法論を取ってみたりもしました。また，新島襄と同志社や予備校の教育，さらに1960年代末の学園闘争などについては，個人的な思い入れが強く入ってしまいました。社会科学の1科目である教育学は，人文科学でもある雑学だと思っています。同志社大学は教育文化学ですし。人間を中心において教育学を再構成していく手がかりにしてゆきたいと考えています。

　巻頭から，まとめにならない私見をながながと述べてしまいました。

もくじ

はじめに―鼎談1― ……………………………………………………3

I　日本の教育：むかしと今 ……………………（光川康雄）　*11*

II　海外の教育：むかしと今 ……………………（中川吉晴）　*59*

III　教育の課題と展望 ……………………………（井上智義）　*115*

むすびに代えて―鼎談2― ……………………………………*165*

引用・参考文献 ………………………………………………*169*

I
日本の教育：むかしと今

1 古代の文化交流と「文字学び」の始まり……12
2 「聖徳太子」を教育史でどう考えるか……14
3 大学寮は不振，その訳は？……16
4 天神さまと学問の神様を知っている？……18
5 『小倉百人一首』と教育文化史的な意義……20
6 伝統的な公家の学問とは？……22
7 世阿弥の『風姿花伝』に見る教育法と子ども……24
8 キリシタンの学校と世俗教育……26
9 中世から近世の武士教育の転換とは？……28
10 家訓・遺訓から徒弟教育へ……30
11 寺子屋（手習い所）の教科書とその学びは？……32
12 私塾の師弟関係と「教育愛」とは？……34
13 新島襄と同志社英学校の精神……36
14 近代公教育制度の変遷と「教育勅語」……38
15 唱歌の歌詞による国家主義の高まり……40
16 歴代天皇と歴史教育について……42
17 柳田國男と「社会科」—"一人前になる教育"—……44
18 学園闘争の季節—1960年代前後—……46
19 予備校の教育って？……48
20 日本における「教育」と大学入試……50
21 大学における学部の盛衰—「実学」とは？—……52
22 教育基本法を教室で読もう！……54
23 人物教材と教育学の研究—古代・中世の日本の教育史の場合—……56

I 日本の教育：むかしと今

I-1　古代の文化交流と「文字学び」の始まり

　自覚しないで生活の技術などを親から子へ，長老から若者へと伝えていったのが，人間による教育の始まりである。腕力や体力だけでなく，知恵の伝授である。それに加えて，自覚的な教育―文字学びは，いつ頃どのように開始されたであろうか。その役割を果たしたのが中国大陸や朝鮮半島からの渡来人の存在である。原始社会から古代国家の誕生にいたる背景に，漢字および儒教・仏教の伝来があったと考えられる。4世紀から5世紀にかけて大陸や半島から幾度にもわかれてやってきた人々が新文化をもたらしている。国家レベルの交渉もあるものの，対馬・壱岐などの日朝間の中間に位置する地域では活発な人的交流があり，国の相異などは問題にならなかったのではないだろうか。

　平安時代初期の成立である『古語拾遺』には，わが国に「古来文字なし」とある。奈良時代初期に成立した『古事記』『日本書紀』には，「応神天皇」の時代に「王仁」という百済から来日人が「『論語』『千字文』」を伝えたと記されている。年代に信憑性はないものの，「倭の五王」の時代に伝わったという記憶が一部の学識者の間にあったものと推定できる。また，『宋書』中の倭王の武は，「記紀」の雄略天皇にあたるとされ，埼玉県稲荷山古墳の出土遺物の「ワカタケル大王」にも該当しているとの考えがほぼ定説になっている。この雄略天皇が，『万葉集』の冒頭の和歌の作者とされ，『日本霊異記』の最初の説話も雄略天皇にちなむものである。これらのことから，古代の僧侶や貴族層の間には，雄略天皇を文化面では画期を示す人物であると考えられていたとの見解も許されるのではないだろうか。5世紀後半に大きな文字文化の始期を想定することができるかもしれない。この後のわが国内での大王・豪族層における「文字学び」の変遷について見ていく時，渡来人との漢字を通しての筆談に始まり，家庭教師らによる漢文の音読指導を経て，日本語への訓読理解へ至る。その際，日本人による日本語的な理解を助ける手段として「かな文字」の発明と，その発達・利用があろう。以上のような漢字習得の変遷を歴史的に考えてみる時，現代人はあまり音読を行わず，漢字の筆写も反復していないと思う。

Ⅰ-1　古代の文化交流と「文字学び」の始まり

■倭の五王時代の渡来人（『古事記』・『日本書紀』）

弓月君（秦氏の祖）	養蚕・機織り技術	新羅
王仁（西文氏の祖）	『論語』『千字文』⇒文筆・出納に従事	百済
阿知使主（東漢氏の祖）	文筆に優れ，史部を管理	百済

■関係史料
『日本書紀』（720年成立）
「(応神天皇）十六年春二月，王仁来れり。則ち太子菟道稚郎子，師としたまう」
『古語拾遺』（807年成立）
「蓋し聞く，上古の世，未だ文字有らず。貴賎老少，口々に相伝う」
『万葉集』（770年頃成立）
「（大泊瀬稚武天皇）〈雄略天皇〉御製の歌
　籠もよ　み籠持ち　ふくしもよ　みぶくし持ち　この岡に　菜摘ます児　家告らな　名告らさね　そらみつ　大和の国は　おしなべて　我こそ居れ　しきなべて　我こそいませ　我こそば　告らめ　家をも名をも」

■古代を実感する方法序説
　自分の生まれ育った国の誕生やその文化，とりわけ「文字学び」の変遷について，もっと関心を持ち，自分で調べてほしいと思う。国語学や日本史・考古学などそれぞれの専門分野で何がわかっており，何がまだわかっていないのかを知ることは大切なことである。学生の教養として，子どもたちに教える大人として，学際的な幅広い分野の基礎知識を身につけて行きたいものである。まずは，「知的好奇心」を持とう！
　そのためにも，関係する文献（日本や中国の古典）を読むことと，各地の博物館・宝物館・美術館などへの見学をお勧めする。身近な施設としては，全国に4か所ある国立博物館（東京，京都，奈良，福岡）などを手始めに訪ねてみてはどうだろう。早朝の寺院や神社を訪れる方法もある。古代にこの日本列島で生きていた人々（私たちの祖先）が使っていた道具や信仰などの対象となった品々は，何かを訴えかけてくるかもしれない。遺物にじっと耳を傾け，それらを直視しよう！

I-2 「聖徳太子」を教育史でどう考えるか？

　日本史を代表する人物の一人として，聖徳太子（574〜622）がいる。なぜ，この人物が著名であり，長く人々の記憶に残ってきたかを考えてみたい。

　『日本書紀』によれば，わが国最初の女性の天皇である推古天皇の皇太子であり，摂政（せっしょう）であったとも称せられている。憲法十七条を筆録したほか，四天王寺・法隆寺などの寺院の建立や『勝鬘経（しょうまんぎょう）』『法華経』の講義など，飛鳥時代の政治や文化のリーダーとしての業績があげる人が多い。歴史学の世界では，「聖徳太子」はいなかった！　とまで，説く見解もあり，高校教科書もいつの間にか「厩戸皇子（聖徳太子）」と記述されている。天皇号の成立が，天武・持統天皇の時代（7世紀末）にまでずれ込んでいる現状の考え方からいえば，これでも本当は中途半端であり，厩戸王とすべきかもしれない。

　しかし，日本の教育を考えてゆく時，聖徳太子と称せられた人物が当時の官吏に教訓的な憲法を作り，律令制度の先駆となったと長く語り伝えられたことは間違いない。今は名も伝わらない渡来系の人たちの業績を統括して，飛鳥文化として花開いたものと考える。実際に，漢字や儒教の伝来についても，東西（とうざい）史部（ふひとべ）の祖先である渡来人の果たした役割が大きかったのである。聖徳太子説話においても，渡来系の学者や朝鮮半島からやってきていた僧侶の教育文化的な指導があったことは当然のことであろう。朝廷政治家が，仏教経典を天皇に講義したり，仏典の注釈書を執筆したりすることはまず無理であろう。太子の業績について，冠位十二階や遣隋（けんずい）使の派遣なども掲げられている古代史書も多いが，これら二つの主体は「皇太子」とは必ずしも記されておらず，推古天皇や大臣の蘇我馬子の果たした偉業であるとの見方も成り立つだろう。『紀』崇峻（すしゅん）天皇（てんのう）の時，百済に留学尼を派遣している事績などは等閑視されている。

　最後に，後世の聖徳太子信仰の影響には十分に配慮して，「飛鳥の文明開化」を考察すべきであろう。『日本教育の祖』と称して，役人の心構えを説く憲法の執筆・女帝への経典の講義や遣隋留学僧・留学生の派遣などをあげられるが，『紀』の史料的な性格を踏まえた史料批判が必要となるという歴史学の常識を忘れてはならないと考える（光川，2008）。

I-2 「聖徳太子」を教育史でどう考えるか？

図 I-1　聖徳太子像
(鶴林寺，兵庫県加古川市)

■推古朝に来朝した主な渡来人

曇徴（高句麗）	紙，墨，彩色の法
観勒（百済）	暦法，天文，地理
恵慈（高句麗）	仏教，聖徳太子の師
覚哿（百済）	儒教（五経博士）

なお，五経博士は継体天皇の頃から交代で来朝

■聖徳太子関係年表（説話も含む）

587年	物部戦争に従軍
593	皇太子となる，四天王寺創建
603	冠位十二階制定
604	憲法十七条制定
607	遣隋使派遣，法隆寺創建
611〜5	「三経義疏」を著す？
620	歴史書「天皇記」「国記」編纂

■関係史料

『日本書紀』「（推古天皇十一年十二月）壬申，始めて冠位を行ふ」

「（推古天皇十二年）夏四月丙寅の朔戊辰，皇太子，親ら肇めて憲法十七条を作りたまふ。一に曰はく，和を以て貴しと為し，忤ふることなきを宗とせよ」

「（推古天皇十五年秋七月）庚戌，大礼小野臣妹子を大唐に遣はし，鞍作福利を以て通事と為す」

「（天智天皇九年夏四月）壬申，夜半之後に法隆寺に災けり。一屋も余すこと無し。」

■後世（各時代）における評価も大切

　「聖徳太子」にちなみ飛鳥時代を代表する法隆寺や四天王寺，さらに飛鳥地方（蘇我馬子の飛鳥寺や石舞台）などをめぐって，「飛鳥の文明開化」の雰囲気を味わえることは，すばらしい先人のおかげであることも知っておきたい。平安時代以降に「聖徳太子」を偉大な教育者としてみなされることになった経緯を考えることも必要だろう。唯一，江戸時代の儒学者（林羅山など）からは蘇我氏と共に批判的に記述されているのである。また，戦前には物部戦争に従軍したことを賛美したり，逆に戦後は平和主義者としての評価が加えられていることにも注目したい。

I 日本の教育：むかしと今

I-3　大学寮は不振，その訳は？

　律令制の成立と共に，創設された官吏養成機関が古代の大学である。その管轄組織が式部省大学寮であったところから，大学寮と称されることが多い。

　最初に設置された朝廷の教育機関は，「庠序(しょうじょ)」と呼ばれ，近江（現在の滋賀県）の大津宮に設けられている。663年の白村江の戦いで唐・新羅連合軍に敗れた天智天皇が，都を移すと共に，学校を設置したのである。この頃の学校は密接に政治体制と結び付いており，対外情勢の変化に応じて推移していたことも推察できる。すなわち，中国大陸や朝鮮半島からの新知識（律令など）の導入を積極的にすすめたものと位置づけられよう。学職頭(ふんやのつかさ)という学校を統括する役職についたのは，亡命していた百済（660年に滅亡）貴族の鬼室集斯であった。詳細は不明であるが，渡来系の若者などが古代朝鮮語の講義を受けていたと思われる。「渡来人の外国人学校として発足」したと，久木幸男は説いている（久木，1990）。

　その後，国内の律令体制の整備と，相次ぐ遷都によって，大和国の飛鳥地方において701年には大宝律令の制定で学令が整えられている。藤原京を経て平城京に移転した大学は，どのようであったか，考えてみよう。都の大学の先生には博士と助教がいて，400人以上の学生がいた。入学できるのは，五位以上の貴族の子孫や渡来系の東西史部の子孫のうち，13歳から16歳までの聡明な男子であった。彼らが学んだのは，『論語』『周易』『尚書』『周礼』『儀礼』『礼記』『毛詩』『春秋左氏伝』『孝経』などの中国古典，算術と書の知識などである。試験が，中国の科挙のように難しい上，ある制度のため一部の貴族を除いては，学生になる貴族の子弟はいなかったと伝えられている。その原因が上級貴族は祖父や父親の地位に応じて，成人すると自動的に職を得ることが出来る蔭位(おんい)の制にあった。今も変わらぬ世襲制の弊害によって大学寮はそれほど振るわなかったのである。

　有力貴族は，自らの子弟教育のため大学別曹を創設した。唯一の例外的な教育機関として空海がつくった綜芸種智院があり，庶民でも入学でき仏教と儒教を学んだといわれる。ただ，空海の死後には経済上の原因で閉鎖された。

I-3　大学寮は不振，その訳は？

図 I-2　綜芸種智院

■関係年表

668年	近江・大津京に「庠序」を創設（天智天皇）
701	大宝律令の制定（文武天皇）―式部省の下に大学寮
794	平安京遷都（桓武天皇）
800頃	弘文院設置（和気弘世が書籍数千巻を用いて）
821	勧学院設置（藤原冬嗣）
828	空海が庶民教育のために綜芸種智院を設置
844頃	学館院（橘嘉智子が一族のために）
881	奨学院設置（在原行平が在原・源・平など皇族出身氏族〈王氏〉のために）
1177	平安京の大火で大学寮が消失し，以後再建されず

■関係史料

『懐風藻』（751年成立）
序文「淡海の先帝（天智天皇）の受命に至るに及び，……既にして以爲うに，風を調へ俗を化すは，文に尚きは莫く，徳を潤し身を光らすは，孰れか学に先ならん。爰に則ち庠序（学校）を建て，茂才を徴し，五礼を定め，百度を興す。」

『令義解』（833年勅撰）
「およそ大学生には五位以上の子孫，および東西史部の子を取れ。」

■その後の各種の学芸と大学寮

　綜芸種智院については，9世紀初頭以降に平安京に出てくる費用を負担しその後の学費や生活費を送り続けて，子弟たちを学習させるような裕福な階層は皆無であったとも考えるべきであろう。古代における為政者たちの教育は，このように経済の状況と不可分のものであった。以後の学問は，世襲の学者の「家」において家学と呼ばれ，古今伝授のような形式で一族（それも長子や選ばれた子弟のみ）だけの秘密めいたものとなっていくと考えてよい。天皇家や上級貴族の著作などで知られている有職故実や，和歌の家・学者の家がそれである。中世から近世の芸能や各道における家元制度などとも対比して考えてみたい。
　最後に，官学である大学寮も1177年の平安京の大火で焼失すると，以後は再建されず，時の政府や幕府が学校を創設することは原則としてみられない。

I-4　天神さまと学問の神様を知っている？

「菅原伝授手習鑑」という作品を御存知だろうか。

竹田出雲（1691〜1756）ら三人による合作の浄瑠璃である。1747年に大坂の竹本座で初演。菅原道真左遷が主なテーマである。菅原道真(845〜903)は，894年に遣唐大使に任命されたが，宇多天皇に建議して遣唐使の派遣は中止された。醍醐天皇のもとで右大臣となったが，藤原氏の讒言によって大宰権帥（だざいのごんのそち）に左遷（901年），無念の死を遂げた。10世紀初め，都で相次いだ落雷による火災や藤原氏・天皇家の異変（死や病）は，非業の死を遂げた道真の祟りであるとされた。御霊（ごりょう）信仰・雷神信仰と道真の劇的な人生が結びついたのが天神信仰である。京都や大宰府に祭られ，信仰はやがて天神伝説として全国に伝わり，文芸の素材に脚色された。学問の神として，人間が神に祭られてゆく過程は日本的な宗教観であろうが，なぜ菅原道真が選ばれたのか。文章博士（もんじょうはかせ）の家に生まれその学識が高く評価された。道真の怨霊（おんりょう）を恐れた藤原氏が都に造営したのが北野天満宮である。その神社が，近世には書道の上達を願って庶民がお参りするようになり，菅家は学問の神に変質していった。書を究めていくことを学問成就と結びつけたようである。

一方，儒学の神としては孔子があげられる。江戸時代初期には儒学を懸命に学んでいた中江藤樹に対して，「孔子殿」とからかわれた例から，必ずしも中国の学問を尊敬しておらず戦国武士の武断的な遺風が濃厚であった。古代の大学や近世の藩校・昌平黌には孔子廟や大成殿の呼称で毎年祭られていた。釈奠（せきてん）という孔子をしのぶ学校儀式も重要なものとして長く行われた。笠井助治によると，聖堂を校内に有する藩は59をくだらなかったという（笠井，1960）。1871年の廃藩置県によって聖堂も種々の運命をたどる。そのような中で湯島聖堂をはじめ約10箇所は今日も残っている。日本儒教は宗教的な意味では中国や台湾さらに韓国の儀礼とは異なってきている。近世儒学は朝鮮の学者や学統の影響が大きいことが阿部吉雄らによって立証されている（阿部，1978）。しかし，釈奠という学問の神への敬虔な儀式の面では，古風を伝えている部分も存在しているのかもしれない。

18

I-4 天神さまと学問の神様を知っている？

■関係年表

901年	昌泰の変（菅原道真左遷事件）
1364	木版による『論語集解』出版
1633	3代将軍・徳川家光が日光東照宮参詣の帰途に林家の聖堂に立ち寄り釈奠に参加⇒以後, 慣例化
1690	林家の聖堂を移転し大規模な聖堂建設を命じる（→湯島聖堂）

■日本各地のおもな「孔子廟」

庄内藩・致道館（山形県鶴岡市馬場町）
会津藩・日新館（福島県会津若松市河東町高塚山）─観光用に復元
水戸藩・弘道館（水戸市三の丸）
足利学校聖廟（栃木県足利市昌平町）
湯島聖堂（東京都文京区湯島）
道明寺天満宮（大阪府藤井寺市）
閑谷学校（岡山県備前市閑谷）
多久聖廟（佐賀県多久市）
長崎聖堂（長崎市寺町）─興福寺境内に長崎聖堂の杏壇門を保存
長崎孔子廟（長崎市大浦）─中国の人が建て, 門人72人の石像あり

図Ⅰ-3　天満宮降誕之地（京都）

■学問における「聖」と「俗」と現代教育

　日本最古の孔子像は足利学校に所在する。1535年の制作と考えられている。また, 史料上では, 孔子祭典は701年に行われたと記されている。二つの教育の神がどのような変遷をたどってきたのかという歴史は, 学問の持つ「聖なるもの」を考えさせてくれる機会を与えるものである。学校の「聖なる」施設として, 神棚や小さな祠が設置されている所もある。今ではほとんど見なくなったが, 二宮金次郎像が置かれている例もある。一部の私学では登下校の際に国旗に敬礼を義務付けている所もある。俗なるものに落としてはいけないが, 機械的に礼さえすれば良いというものでもない。授業や講義の前後に挨拶（起立と礼）を行うが, それをどう考えるだろう。また, フラットな教室は現代的な発明と思うが, 小柄な教師にとって教室の隅々は目が届きにくいという弊害もある。

I-5　『小倉百人一首』と教育文化史的な意義

　「をんな文字」という呼称で呼ばれていたかな文字は，日本の四季や風物をたたえる和歌を記すのにきわめて有効な手段でもあった。8世紀末の『万葉集』を表記した万葉仮名の表記から，真名と仮名の序を持つ『古今和歌集』が成立したのは905年のことであり，894年の遣唐使派遣の停止も同時期である。さらに，藤原公任が『和漢朗詠集』をまとめたことは暗示的なものを感じる。
　1221年には承久の乱に際し，われ関せずとの冷淡な態度を日記『明月記』に記した藤原定家（1162～1241）は，『新古今和歌集』（1205年撰上）の撰者の一人として知られている。情緒・あはれを尊ぶ有心体などの新古今調を大成したといわれている。歌集『拾遺愚草』を残しており，彼の孫の代に二条・京極・冷泉の歌学三家が分立した。1235年頃（後に末尾撰歌を改編）成立と伝えられる『小倉百人一首』は定家が秀歌を集めた文学作品で，息子・為家の嫁の父である鎌倉武士宇都宮頼綱に依頼されて編集した。選歌にあたっても，嵯峨小倉山近くの別荘の障子（襖）に飾る装飾品にふさわしい色紙型のもので和歌が多く選ばれたものと想像できる。この二人は和歌の師弟関係が確認できる。
　現代人と少し異なるのは，和歌への理解度の差である。さきほどあげた，『万葉集』『古今和歌集』などを教養として習熟していたことは忘れてはならない。中世には，和歌の教養は，貴族だけでなく為政者になった武士の上層部の文化人にとっても必須のものであった。また，屏風絵としての見解などを美術史の研究者から出して欲しいが，美術史の世界では，現存する作品だけを扱い過ぎているようである。ところが，個人的な和歌集が伝来する過程の中で，王朝和歌の定型やアンソロジー，さらに古典的な名歌としての位置をいつしか持つようになり，近世には種々の注釈書が編纂され，歌かるたとしても文化に関心を持つ教養人や高貴な女子の常識となって普及した。南蛮文化で輸入されたトランプ・カードの影響下でカルタ札として，作成されて用いられ方にも変化が表れてきた。装飾的に美しい絵も加わり，遊びの中で，古典に親しめるという一石二鳥の教育文化的な意味を持つと言えるのではないだろうか。女子用の往来物（教科書）としての活用も，そのひとつである。

I-5 『小倉百人一首』と教育文化史的な意義

■三代集と八代集

	書　名	巻数	成　立　年　代	撰　者
八代集（三代集と右の五つ） 三代集	古今集	20	905（延喜5）	紀友則・紀貫之ら
	後撰集	20	951（天暦5）	清原元輔・紀時文ら
	拾遺集	20	996（長徳2）？	藤原公任？
	後拾遺集	20	1086（応徳3）	藤原通俊ら
	金葉集	10	1125（天治2）	源俊頼ら
	詞花集	10	1151〜4（仁平年間）	藤原顕輔ら
	千載集	20	1187（文治3）	藤原俊成ら
	新古今集	20	1205（元久2）	後鳥羽上皇・藤原定家ら

■関係史料

『土佐日記』（紀貫之）935年頃成立
「男もすなる日記というものを，女もしてみんとてするなり。」

『小倉百人一首』（藤原定家編）
1　「秋の田の　かりほの庵の　とまをあらみ　わがころもでは　露にぬれつつ」天智天皇
2　「春過ぎて　夏来にけらし　白妙の　衣干すてふ　天の香具山」持統天皇
13　「筑波嶺の　峰より落つる　みなの川　恋ぞつもりて　淵となりぬる」陽成院
63　「今はただ　思ひ絶えなむと　ばかりを人づてならで　言ふよしもがな」三条院
77　「瀬をはやみ　岩にせかるる　瀧川の　われてもすゑに　あはむとぞおもふ」崇徳院
99　「人をもし　人も恨めし　あぢきなく　世を思ふゆゑに　物思ふ身は」後鳥羽院
100　「百敷きや　ふるき軒端の　しのぶにもなを　あまりある　むかし成けり」順徳院

■『小倉百人一首』に採録された女性歌人

持統天皇，小野小町，伊勢，右近，右大将道綱の母，儀同三司の母，和泉式部，紫式部，大弐三位，赤染衛門，小式部内侍，伊勢大輔，清少納言，相模，周防内侍，祐子内親王家紀伊，待賢門院堀河，式子内親王，殷富門院大輔，二条院讃岐

■その後の『百人一首』の展開と「学び」

　正月行事としての「かるたとり」は遊びと共に教養であった。古典が外国語に近い存在となった今，その口調に習熟するのは暗記面でも有効である。古典学習だけでなく日本古来の文化に触れるメリットも。遊びながら教養が身につくという学習法を求めたい。また，後世多種の百人一首が作られ浸透の深さを再認識させられる。

I　日本の教育：むかしと今

I-6　伝統的な公家の学問とは？

　聖徳太子との関係も深い法隆寺は，いつの頃からか「法隆学問寺」と呼ばれ，そのように記した瓦も発見された。1991年法隆寺金堂の釈迦三尊像の台座内の墨書に「辛巳」年「書屋」を修膳した旨が見つかり，書物を保存した施設が621年に存在していたことが確認された。律令制度下で図書寮が置かれた。奈良時代末期に，漢詩文に優れた貴族の石上宅嗣（いそのかみのやかつぐ）（729～81）が自邸の一角に芸亭（うんてい）を建て，仏教経典と儒教などの書籍を開放したと伝えられている。また，東大寺の写経所では大量の仏典が書写され，その一部は正倉院に保存されている。奈良時代の前後には貴族によって私立の教育機関も設置されている。吉備真備（693？～775）の二教院については，『遍照金剛性霊集』（空海の詩・碑銘・書簡を弟子の真済が835年頃に筆録）に記載は見えるが詳細は不明である。彼は遣唐使に随行した経験があるほか，孝謙天皇（718～70）が女性皇太子時代の家庭教師を務めており，注目されてよい。このような中国留学経験がある人物のもとへ学びに通った例が，他にも確認できよう。

　平安時代の後期に入る頃から，貴族層の儀式書や日記が数多く記されている。一部の貴族の家で家学化が進む中，儀式の円滑化に関わる有職故実（ゆうそくこじつ）の研究も深まっていった。家学というと世襲制であったと考えがちであるが，一族の中から優秀な少年や青年を養子に迎えていることも知っておきたい。9世紀でも，藤原良房の後継者は養子の基経である。藤原氏歴代の系図では，そのような例が散見される。鎌倉時代直前には五摂家に分裂していく。平安時代の儀式書として，源高明の『西宮記』（さいきゅうき）や藤原公任の『北山抄』（ほくざんしょう），大江匡房の『江家次第』（ごうけしだい）などがあった。節会（せちえ）などの年中行事には今日に伝わるものもある。鎌倉時代に入る頃には公家儀礼の有職と武家儀礼の故実とにわけて呼ぶ例も出てきた。1221年頃には順徳天皇（1197～1242）が『禁秘抄』を著している。この時期には，新興の武家に対して自分たち貴族こそが正統な支配者であり，綿々と続いてきた律令政治を維持させようと努めた教育文化的な結果の一例であろう。大江広元（1148～1225）や三善康信（1140～1221）らの京都の家学の家から鎌倉幕府に迎えられ始めた。

I-6　伝統的な公家の学問とは？

■関係史料
『**続日本紀**』797年成立（桓武天皇　天応元年六月）
「辛亥，—中略—大納言正三位兼式部卿石上大朝臣宅嗣薨しぬ。—中略—（宅嗣）其の旧宅を捨て，阿閦寺とす。寺の内の一隅に，特に外典の院を置き，名けて芸亭と曰ふ。如し好学の徒有りて就きて閲せむと欲ふ者には恣に聴せり。」

■関係年表

770年	称徳天皇が鎮護国家を祈念するため，陀羅尼経100万巻を印刷させ小型の塔に納めて10万基ずつ十大寺に奉納（日本最古の印刷物「百万塔陀羅尼」）
奈良時代末期	石上宅嗣が芸亭を開設
平安前期	貴族の大学別曹，空海の綜芸種智院，菅原氏の菅家廊下などがつくられる

■家学の分類表

紀　伝　道	菅原氏・大江氏・藤原氏（日野流）
明　経　道	中原氏・清原氏
明　法　道	惟宗氏・坂上氏・中原氏
算　　　道	家原氏・三善氏・小槻氏
陰　陽　道	安倍氏
天文道・暦道	賀茂氏
医　　　道	和気氏・丹波氏
歌　　　道	藤原氏（御子左流）

■中世以降の天皇家・公家らの学問と「和学」への展開
　1221年承久の乱の際に，鎌倉幕府方の武士で文字を読めるものがわずか1名といわれた。仙覚（1203～？）の『万葉集註釈』や卜部兼方の『釈日本紀』などの古典研究も始まり，和学と呼ばれる。公家の文庫の保存や，以後の戦乱の中での地方への疎開についても注目したい。南北朝の動乱期には後醍醐天皇（1288～1339）の『世俗浅深秘抄（せぞくせんしんひしょう）』や北畠親房（1293～1354）の『職原抄（しょくげんしょう）』といった有職故実書がある。朝廷における儀式や古典の尊重など，公家の教育文化的に果たした役割を忘れられない。紛失の危機にあった文献の書写なども，もっと評価されるべきである。京都五山の相国寺の禅僧・万里集九（1428～？）は，中部・関東地方などを巡り各地の人々との交流の中で『梅花無尽蔵（ばいかむじんぞう）』のような優れた漢詩文をのこした。

23

I−7　世阿弥の『風姿花伝』に見る教育法と子ども

　室町時代に能を芸能の世界にまで高めた世阿弥元清（1363？～1443？）の著作『風姿花伝』には，日本の前近代には珍しい教育論が記されている。芸能の家に伝わる秘伝であり，特殊な世界にあてはまるものだが，中世の人間教育を垣間見ることができてきわめて意義深い内容を含んでいる。第一の「年来稽古条々」を年齢別に概観したい。7歳，12.3より，17.8より，24.5より，34.5，44より50有余という七つの年齢ごとの注意が記されている。この分類は，世阿弥が父観阿弥からの言い伝えを受け継いだものであろうが，すべてが等間隔でもなく独自性がある。数え年の年齢を想定しなくてはならないし，成育度や平均寿命などの面でも異なっているものの早期教育を説いていることを忘れてはならない。また，禅宗の影響が根底に流れている。さらに，同書の巻頭には「夫れ申楽延年の……」という歴史的な沿革が記載され，序文の結びには「好色，博奕，大酒」の三つを厳しく戒めている。併せて「稽古は強かれ」とも強調しているのである。心・技・体という表現を私たちは安易に用いるが，『風姿花伝』にはそのような心の持ち方を子どもの頃からの練習を通して教えているのではないだろうか。親の芸を見て盗むという，「教えずして学ばせる」ことも，古典芸能だけでなく，日本人が育んできた教育の一形態である。

　8世紀の子ども観として，山上憶良（660～733？）の「子等を思ふ歌」の反歌「銀（しろがね）も金も玉もなにせむにまされる宝子にしかめやも」とある。12世紀後半のものとしては，後白河上皇（1127～92）が編纂した『梁塵秘抄』の今様にある「遊びをせんとや生まれけん……」が数少ない史料である。これらと，『風姿花伝』との位置づけや後世の子ども観との比較をしていく中で，同書の教育文化史的な再評価を提言したい。

　早期教育を江戸時代に唱えたのは儒学者の貝原益軒（1630～1714）である。著作『和俗童子訓』はわが国の教育論で体系的にまとめられたものであり，多数の読者を獲得した。教育効果の大きかった書物が『和俗童子訓』であるといえよう。ベストセラーだった益軒本（益軒十訓）には『大和俗訓』もあり，時代を代表する教育書と位置づけられ社会への影響は大きい。

I-7 世阿弥の『風姿花伝』に見る教育法と子ども

■関係年表

1333年	観世流の始祖・観阿弥誕生
1363（翌年説も）	世阿弥誕生
1375頃	京都・今熊野での猿楽能で足利義満が観世親子の支援者となる
この頃	二条良基が世阿弥に「藤若」の名を与え，その美を絶賛
1384	駿河・浅間神社で観阿弥が急逝
1400	世阿弥の最初の芸論「花伝」（『風姿花伝』第三まで）成立
この頃	義満から「世阿弥」の名を与えられる
1406頃	「第六花修」「第七別紙口伝」成立か？以後も加筆修正
1434	世阿弥，佐渡に配流となる
1443	一説によれば，世阿弥没（81歳）
1710	貝原益軒が『和俗童子訓』を刊行

■関係史料

『風姿花伝』年来稽古條々
七歳「此芸に於いて，大方七歳を以て初めとす。」
十二三より「此年の比よりは，はや，やうやう聲を調子にかかり，能も心づく比なれば，次第次第に物数をも教ふべし。」

『花鏡』
「幽玄の風体の事，諸道・諸事に於いて，幽玄なるを以て上果とせり。ことさら当芸に於いて，幽玄の風体第一とせり。 ―中略― 幽玄の堺に入らざれば，名を得る上手にはならぬ也。さるほどに，名人は左右なく無きなり。ただ，この幽玄の風の大切なる所を感用（肝要）にして，稽古すべし。」
＊この『花鏡』に有名な言葉，「初心忘れるべからず」は記されている。

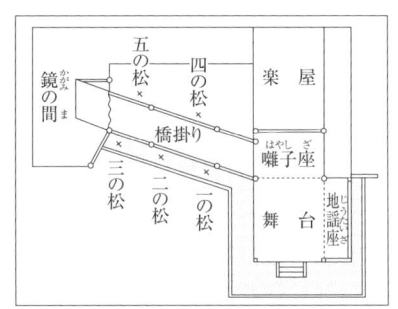

図 I-4　能舞台平面図

『和俗童子訓』随年教法
「六歳の正月，始めて一二三四五六七八九十・百・千・萬・億の数の名と，東西南北の方の名をおしえ，其の生れ付の利鈍をはかりて，六七歳より和字をよませ，書ならはしむべし。」

I-8　キリシタンの学校と世俗教育

　日本にキリスト教が伝わったのは1549年，フランシスコ＝ザビエル（1506？～52）が鹿児島に来日したことに始まる。布教に伴いイエズス会宣教師によって天文学・医学・地理学などの実用的な学問や，油絵・銅版画などの技法も伝えられた。さらに，コレジオ，セミナリオ，ノビシャドと呼ばれるキリシタンの学校も創設されている。大学にあたり，聖職者養成と一般教養を授けたのがコレジオである。セミナリオは宗教教育施設であり，少年たちに中等教育を実施し下級の神学校を兼ねたものと考えられる。前者は豊後府内（現在の大分）に創設され，豊臣秀吉のバテレン追放令に端を発する迫害のため，天草・長崎と転々と移った。ノビシャドという修錬院からの入学者も少なくなく，キリシタン版（天草版）の刊行も行われた。セミナリオは，イエズス会宣教師のヴァリニャーニ（1539～1606）が安土（滋賀）や有馬（長崎）に設置した。ヴァリニャーニが来日したのは，有馬晴信（1561？～1612）の支配地であった口之津港であり，晴信は洗礼を受け領内にセミナリオ建設を許可している。織田信長の新しい城下町である安土にもセミナリオや教会堂を創設した。

　最盛期には都周辺で約15万人の信者がいたとの報告もある。普及の理由として，キリスト教が病院による医療活動や，貧民・孤児への救済事業などの一面もある。進歩した西洋医学や，砂糖を使ったカステラ・金平糖などの南蛮菓子が果たした役割にも目を向けよう。来日した宣教師・修道士たちは，南蛮寺と呼ばれた教会でオルガンを弾き，子どもたちに「聞き学び」の形で賛美歌を歌い聞かせたことは，それまでの方法とは異なる点があった。出版物でも『平家物語』や『イソップ物語』・『ドチリナ・キリシタン』などを取り交ぜて配布した。キリシタン文学というジャンルを打ち立てるほどの文学性も持っていたのである。『日葡辞書』などの辞書の発行も1590年代に成立していた。「soroban」という項目が設けられていることから，この頃普及していたことがわかる。それまでの教育は仏教文化や儒教に基礎を置き，自らの陶冶に重きをおくものであった。当時の仏教思想には稀薄な合理主義や現実的なものへ大きく変化させたところにキリスト教の教育が果たした意味があったと考える。

I-8 キリシタンの学校と世俗教育

■キリスト教関係の年表

1549年	キリスト教の伝来
1579	巡察使アレキサンドロ・ヴァリニャーニ来日
1580	都（京都）と有馬にセミナリオ，臼杵にノビシャド設置
1581	豊後・府内にコレジオ開校
1583	キリシタンの学校が全国で約200校を数えた
1587	伴天連追放令
1614	高山右近らをマニラ・マカオに追放
1615	全国に禁教令

図I-5　安土のセミナリオ

■関係史料

『イエズス会日本会報』

「本年日本に在るキリシタンの数は，ビジタドールの得た報告によれば十五万人内外で，その中には豊後，有馬および土佐のキリシタンの王のほかにも，高貴な人で親戚及び家臣と共にキリシタンになった者が多数ある。」

■南蛮文化の流入とその後の教育文化の展開

　1582年には，ヴァリニャーニの勧めで大友義鎮（1530～87）・有馬・大村純忠（1533～87）の3大名が天正の少年遣欧使節を派遣した。これは，伊東マンショ（1569？～1612）・千々石ミゲル（1570～？）・原マルチノ（1568？～1629）・中浦ジュリアン（1569？～1633）を大名の代理に選び，ローマ法王に会わせ日本での布教の成功を報告しようとしたものである。日本人のヨーロッパ渡航の最初であり，欧州への留学生の派遣とも考えられる。そのヴァリニャーニによって活字印刷機も輸入された。織田信長や豊臣秀吉とも親しくしたルイス・フロイス（1532～97）は『日本史』を執筆したイエズス会の宣教師である。同書の記事は，ヨーロッパ人の日本人観がうかがえる貴重な記載を持つ。しかし，16世紀末から，日本国内のキリスト教への弾圧や17世紀前半の鎖国政策により，衰退の道をたどったのは残念なことであった。今日なお衣服や食べ物の名前に，その影響が残っている。

　また，日欧の子ども観の違いや，体罰などその教育方法の違いには興味深いものがある。寺子屋の科目として「習字，訓読，計算」と一括するが，そろばん（算盤などさまざまな表記がある）についての教育学からのアプローチについては，いまだ十分とはいえない。

Ⅰ　日本の教育：むかしと今

Ⅰ-9　中世から近世の武士教育の転換とは？

　「弓馬の家」と自らを称した武家の教育機関としては、鎌倉時代の金沢文庫が知られている。13世紀後半、北条義時の孫である実時（1224〜76）が武蔵国六郷荘の別邸内に開設した書庫である。鎌倉武士は、騎射三物と総称される日々の鍛錬によって「いざ鎌倉」という鎌倉殿（源頼朝）の指令（御恩に対する奉行）に備え、戦闘者としての自覚をもち能力を磨いていた。

　一方、「中世の大学」と呼ばれた足利学校の存在は、室町時代という新しい時代に対応したものと考えられる。足利学校には、全国から多くの武将や禅僧が学んでいた。永享年間（1429〜40）にこの地（現在の栃木）を管轄していた関東管領・上杉憲実（1410〜66）が再建している。その際、鎌倉五山の一つである円覚寺の僧・快元を庠主（学長）に招いている。快元は易学に精通していたといわれ、戦場などの占いを担当する兵学をおもな学問に加えた。易を修めるための幅広い漢籍の知識（四書五経）を学び、占筮術などもきわめて漢学の研修と軍配者の養成機関となったようである。戦国時代の天文〜天正年間（1532〜91年）には、学徒3,000人といわれるほどの隆盛を誇った。来日したザビエルが、「日本国中、もっとも大にしてもっとも有名な坂東の大学」（都近くの比叡山延暦寺の仏教修行〈学校〉と対比して）と、本国に紹介している。

　長い戦乱の時代が終わり、徳川氏の政権が整備されてくる17世紀中期になると、文治政治という儒学による為政者の武士が民衆統治の手本となる時代が到来する。儒学の研究は、禅僧の手で、仏教経典の研究の片手間で進んでいた。当初は宋学と称せられていた朱子学が藤原惺窩の手によって、仏教（禅宗）から独立した学問へと高められた。徳川将軍の保護もあって、江戸の林家の学問は武家政治と結びついた形で発展した。薩摩の薩南学派や土佐の海南学派も独自の展開を見せ、各地の藩校では藩独自の個性豊かな武士をめざすべく藩士教育が繰り広げられた。後には文武両道を唱え、リーダー養成のため、強制就学を義務づけるような藩も出現するに至る（沖田, 2011）。そこでは、近世武士は主君を助けて領民の生活を安定させるという使命を持つ存在に変化してきたのである。武士道とは、このような中で新しく形成されていった。

I-9 中世から近世の武士教育の転換とは？

■関係史料
金沢文庫・足利学校（『鎌倉大草紙』）
「武州金沢の学校は北条九代の繁盛のむかし学問ありし旧跡也。又上州は上杉が分国なりければ，足利は京都幷鎌倉御名字の地にて，たにことなりと，かの足利の学校を建立して，種々の文書を異国より求め納ける」

寛政異学の禁（『徳川禁令考』）
「然る処，近来世上種々新規の説をなし，異学流行，風俗を破り候類これ有り，全く正学衰微の故に候哉。……能々此旨申談，急度門人共異学相禁じ……」

■関係年表

1265年頃	北条実時が金沢文庫を創立（1270年，焼失）
1439頃	上杉憲実が足利学校を再建，庠主に快元を招く
1549	フランシスコ・ザビエルが「坂東の大学（足利学校）」を欧州に紹介
	戦国期戦国武将の武田信玄・上杉謙信・徳川家康は寺院で学ぶ
1630	林羅山が上野忍岡に家塾を開設（⇒弘文館）
1664	会津藩主・保科正之が学問所を開設（稽古堂）
1691	林家の当主である信篤（鳳岡）を大学頭に任命
1717	幕府が講釈所で公開講釈を実施
1773	薩摩藩の藩校造士館，武芸練習場の演武館を開設
1790	寛政異学の禁
1797	聖堂の名称を学問所と改める（昌平坂学問所）
1841	水戸藩主の徳川斉昭が弘道館を開設
1857	薩摩藩「造士館演武館の事に関する訓諭」を出す

■寛永・元禄文化と好学の将軍・大名・儒学者たち

　好学の将軍として自ら儒学文献の講義を行った徳川綱吉が著名であるが，同期の好学の大名として，保科正之，池田光政，前田綱紀，徳川光圀がいる。それぞれ，山崎闇斎，熊沢蕃山，木下順庵，朱舜水の学者との師弟関係や文化交流があった。徳川幕府も林家の学問を援助するなど，武士の教育を奨励したものの，全国的な学校教育政策を提示するには至らなかった。唯一の例外とも思われるのが，1790年に出された寛政異学の禁であろう。これは，老中・松平定信の寛政の改革の一環である。また，教授学としての江村北海の『授業論』のような教えの論理も一部にはあるものの，大半は自らの人間形成のための学問―自学がひたすら深められていったようである。幕末の開国をめぐる攘夷運動が高まるまでは政治に結び付くような学問となることはなかった。

I-10　家訓・遺訓から徒弟教育へ

　『寛平御遺誡』というものが現存している。10世紀末宇多天皇（867〜931）が譲位するに際して，13歳で即位するわが子（醍醐天皇〈885〜930〉）に与えた訓戒である。帝王の基本的な心構えを説く教訓書として貴重なものである。この天皇家における例に先んじて，エリート階級である奈良〜平安朝の貴族にも為政者としての処世訓を記したものが残されている。8世紀のものとしては吉備真備（693？〜775）の『私教類聚』がある。また，『寛平御遺誡』の同時代のものと考えられるものとして菅原道真に仮託された『菅家遺誡』，さらに藤原師輔（908〜60）の『九条右丞相遺誡』などがあげられる。

　鎌倉時代に入ると，武士の家訓の端緒ともいえる「北条重時家訓（極楽寺殿御消息）」が作られた。為政者として上に立つ者としての自覚による武家家訓は，新たなエリートの育成につながるものとなった。同期の『十訓抄』は説話集に分類されるが，年少者向けの教訓を数多く含んでおり，その用途も考えておくべきである。説話集の読み聞かせなど，家庭教育上の教訓的な役割にも留意したい。一条兼良（1402〜81）は博学多才の政治家・学者であり，将軍・足利義尚（1465〜89）の問いに答える形で1480年に『樵談治要』を記し政治上の意見をまとめている。戦国時代には，家訓・家法や壁書・分国法などの形の中世法の集大成もつくられた。私的な道徳的規範をふくむ家訓的なものから家臣団を対象にする法的規範を列挙した家法，さらに軍事・刑事・民事におよぶ分国法もある。具体的には，1232年の鎌倉幕府の「貞永式目」やその後の室町幕府の「建武以来追加」などの影響を受けた武士の心得や家臣団の統制などについて定めており，人材登用などをふくむ『朝倉孝景条々』をはじめ，喧嘩両成敗などを記す『信玄家法（甲州法度之次第）』や，『今川仮名目録』などは著名である。

　17世紀以降には身分制度が確立し，「分相応（身分に相応）」という現状維持の考えが封建思想を支えていたと考える。家制度を守ることはいうまでもないが，年齢を重ねて行けばゆくほど保守的になる人も多い。そのような展開の下で，手工業・商業における徒弟関係の構築についても考察したい。

I-10　家訓・遺訓から徒弟教育へ

■関係史料
『六波羅殿御家訓』北条重時
「抑申につけても，おこがましき事にて候へ共，親となり子となるは，先世のちぎりまことにあさからず，さても世のはかなき事，夢のうちの夢のごとし。」
『甲州法度之次第』武田信玄（1521〜73）
「一　喧嘩の事，是非におよばず成敗を加ふべし。但し取り懸ると雖も堪忍せしむるの輩に於ては，罪科に処すべからず。」
『渋澤家の家憲』渋沢栄一（1840〜1931）
「第一則　処世接物の綱領　第二則　終身斉家の要旨　第三則　子弟教育の方法
　一，子弟の教育は同族の家道盛衰に関する所なり，故に同族の父母は最も之を慎みて，教育の事を怠るべからず。」

■関係年表

1252年	『十訓抄』成立
1471〜81	『朝倉孝景条々』できる
1526	今川氏親『今川仮名目録』できる
1542	池坊専応『専応口伝』（華道書）成立
1547	『甲州法度之次第』できる
1891	渋沢栄一が「渋沢家憲」をつくる

■徒弟教育の展開と現代教育

　江戸時代の商家の家訓（家憲）には現代にも通じるものが見受けられる。三井家の「現銀売りに掛け値なし」という商法に，その一端がうかがわれる。近江商人以来の商業道徳がそこには残存している。徒弟教育とは，江戸時代の年季徒弟奉公の下で行われた職業実習教育のことである。徒弟として少年，正確にはその父兄などが数年間の年季を契約して，親方の家に住み込み，主家の家事労働や仕事を手伝いながら生活全般を通して職業技術を習得する。同時に，厳格な人格教育をも受ける自学自習の鍛錬主義教育のことである。職人の世界では，「わざ」の伝授がある。弟子は日々の親方の仕事ぶりから見て盗むという形で，技術の習得を図ったのである。商家や職人の世界では，利潤追求や技術習得以上に人間的に成熟して「一人前」になることが要求されたと，沖田行司は論証している（沖田，2000）。さらに，「それぞれの職業に相応しい，いわば職業倫理もそこで養われてきた」と結んでいる。

Ⅰ　日本の教育：むかしと今

Ⅰ-11　寺子屋（手習い所）の教科書とその学びは？

　室町時代には民衆層の経済的安定や高まりとともに，彼らの学びの意欲が徐々に高揚してきた。戦国時代には一時衰退し，江戸幕府の成立に伴う平和の到来は庶民の間に「学び」の機運が再び高まってきた。そのような時代や社会の要請の中で世俗的な教育機関が自然発生的に生まれてきた。寺子屋と呼びならわされることが多い手習い所である。庶民層を主な対象として，牢人・神職・医師・町人・僧侶らが主に読み・書き・そろばんなどの初歩を教授した。生徒である寺子の年齢は6歳くらいから13歳程度。この教育に注目したイギリス人のR・P・ドーアは，「読み書きそろばんの能力は同時代のイギリスやフランスに比べて日本の方が高かった」と，高く評価している。識字率の調査は，史料上の制約もあり今後の課題であるとしておきたい。和算という日本独特の筆算については，教育史で取り上げられることはあまり多くない。そのレヴェルの高さは，数学史の研究者から報告されている。各地の神社などに掲げられた算額の絵馬にも注目していく必要があろう。

　徳川幕府は，武士の教育はもちろん，庶民層の教育にほとんど関心を示していない。数少ない例外的な政策として，将軍の徳川吉宗（1684～1751）が朱子学者・室鳩巣（むろきゅうそう）（1658～1734）に命じて『六諭衍義大意（りくゆえんぎたいい）』をつくらせ，江戸の寺子屋に配布した。このような儒教的な教えのほか，女子の習い事と考えられる手習い塾も開かれていた。こちらは，女性師匠が，三味線や琴，生け花や茶道などの芸事や日常の知識や行儀などを要望に応じて教えていた。

　それでは江戸時代の庶民階層が，なぜわざわざ手習いなどを学んだのだろうか。士・農・工・商という厳格な身分制の中で，分相応という保身的な生き方を実践していたのではないのだろうか。安定した生活の中でも，趣味としての文学・芸能や祭礼などの年中行事を満喫しようとしていたのかもしれない。そのためにも，往来物という名で総称される教科書について，学ぶ側の要請で作成されたものも少なくない。農民のために『百姓往来』・『田舎往来（でんしゃ）』，商人のための『商売往来』など，今日七千種類の往来物が確認されている。「より知りたい」人間的に向上したいという知的好奇心があったものと推定する。

I-11　寺子屋（手習い所）の教科書とその学びは？

■関係史料
『実語教』（五言絶句48連で庶民の道徳の規範となった）
「山高故不貴，以有樹為貴，人肥故不貴，以有智為貴，富是一生財，身滅即共滅，智是万代財，命終即随行，玉不磨無光，無光為石瓦，人不学無智，無智為愚人。
（山高きがゆえに貴からず。……人学ばざれば智なし。智なければ愚人なり。）」

■往来物関係年表

970年	源為憲が初歩教科書『口遊』を作る
11世紀頃	「いろは歌」がはじめて文献に登場
11世紀後半	『明衡往来』成立（現存最古の往来物）
平安末期頃	『実語教』成立（⇒江戸期には初学教科書に）
平安末期〜鎌倉期	『釈氏往来』成立
鎌倉期	『十二月往来』刊行
14世紀中頃	『庭訓往来』成立（玄恵の作か？）〈⇒のち往来物の代表に〉
室町期以降	『童子教』（安然の作か？）普及（⇒江戸期には初学教科書に）
1667	岡山藩主・池田光政が郡中に123箇所の「手習所」設置を命じる⇒1675年に光政引退後，縮小され財政上の理由で手習所を廃止
1695	笹山梅庵『寺子制誨之式目』刊行〈⇒「寺子」文献上に初出〉
1714	『寺子往来』刊行
1729	『寺子宝鑑』刊行
1772〜81	京都に篤志軒開設⇒最盛期には寺子数500人近くを収容
1815	寺子のために松声堂が桐生に開業（寺子100人ほどで，8，9歳から13，14歳の男女共学）
1828	『絵本庭訓往来』（葛飾北斎の挿絵入り）刊行
明治維新後	『開化消息往来』や『世界国尽』（福沢諭吉）編纂

■庶民の学習意欲
　江戸時代の日本人の識字率は，世界でもトップクラスの高さを誇っていたといわれる。幕府の高札などによる法令による指令が，平和な社会に深く浸透していたものと推察できる。「民艸(たみくさ)」の一人として署名することから始まり，記された文字を正確に読解し，美しく文章を「御家(おいえりゅう)流」で記す。そろばんを使い計算ができることは，決して珍しいことではなくなっていった。自分の必要とする本だけを読み，最低限の教養で満足していたともいえる。封建制度社会の江戸時代に生きる庶民らしい「実学」と考える見方もあろう。「分相応」という庶民独特の身分の中での見極めが行われたことは残念なことであった。「知らせたい」内容をそれぞれの往来物には，込められていたと考えられる。さらに師匠たちは，単に教科書の字面だけを教えるのでなく，その教科書で人間を教えたものと推察する。

I　日本の教育：むかしと今

I-12　私塾の師弟関係と「教育愛」とは？

　「雷おやじ」という言葉も，最近ほとんど聞かれなくなった。とはいえ，職人教育の行われていた頃には，厳しい師匠のカミナリや「愛のむち」が飛ぶことも珍しくなかったことであろう。京都に塾を開き多くの門弟を養成した朱子学者山崎闇斎（1618〜82）は雷師匠として知られていて，叱責して破門させた者，自ら塾を去る者が少なくなかったと伝えられている。崎門学と呼ばれる師匠の学問を尊敬すればこそ，一子相伝を受け継ぎたいと考える弟子もいたのであろう。一方，山崎塾の通りを隔てた場所に位置していた伊藤仁斎（1627〜1705）の古義堂に目を転じよう。京都の町人出身の仁斎は会講形式の授業形式を取り，喫茶・飲食と共に会を進めたようである。和気あいあいと，師である仁斎とメンバーが学びあったのである。学問討議を通して，親や兄弟同然の心の交流を図った場合もあったと想像される。今日でいうゼミナール形式をとり，一人ひとりの発言や全員の議論の中で切磋琢磨して学問を続けた環境は，ある意味，教育の原点を見る思いがする。また，たった一人の塾生だけのために，テキストを作成した中江藤樹（1608〜48）の姿が忘れられない。

　京都・大坂や江戸はもちろん，諸大名の城下町においても，私塾などの教育機関は創設され，江戸などでは師匠の番付というランキングまで発表されていた。いきおい，競争が起こるのは当然のことであろう。また，全国各地から塾生（門人）は集まってきたのであるが，それぞれの方言は克服できたのであろうか。身分や経済的な事情などから，差別やいじめの問題も起こっていなかったのであろうか。このような私塾は，化政期から天保期に学者たちにより各地につくられた。18世紀末から19世紀前期の学校数（藩校，手習い所なども含む）の急激な増加は，辻本雅史によって「教育爆発の時代」と称され，教育史では大いに注目されている時期なのである（辻本，1999）。緒方洪庵（1810〜63）の適塾については福沢諭吉（1835〜1901）の『福翁自伝』などがその一端を伝えてはいるものの，師弟関係については直接にはあまりふれられてはいない。同時代の，他の塾生たちの生の声をもっと詳しく知りたいものである。

I-12 私塾の師弟関係と「教育愛」とは？

■関係年表

1628年	松永尺五が春秋館を開く（→1637年，講習堂を開く）
1641	花畠教場が岡山に設置される（熊沢蕃山←池田光政）
1648	藤樹書院が設けられる（中江藤樹）
1662	古義堂が設けられる
1709	荻生徂徠が家塾蘐園の活動を本格化させる
1726	懐徳堂が大坂に設けられる（中井竹山らが幕府の援助を受ける）
1729	石田梅岩が自宅で講釈を始める（→心学舎）
1824	鳴滝塾が設けられる（シーボルト）
1838	適塾が設けられる
1842	吉田松陰の叔父が松下村塾を設置

■現代教育における師弟関係と「教育愛」

　簡単な言葉であるが，信頼関係を前提としない教育はなかなか困難なことであろう。そういう意味で，小学校の担任とは1年間8割方の授業を共にするのは大切なものである。また，寮などで寝食をともにしつつ学ぶなどの方法は有利な面が多いと思う。昨今の，春学期と秋学期の半期15回の講義や講読，演習などでしか対面せず，その中で信頼関係を作り上げていくことは至難の業ではないだろうか。アメリカに端を発するシラバスを通しての契約的な教育のメリットを認めつつも，無くしてしまった人間的な関係に大学教育の再生のカギを見出していきたい。

　東洋風の，例えば儒教にそのヒントを得られないだろうか。「同じ釜の飯を食った仲間」という言葉もあるように，寝食を共にするような機会をつくることも大きな教育機会であろう。学習塾などでも，勉強を教えるだけでなく，レクレーションなどの機会や講師室における親身な人間関係づくりが行われている。別に，「三歩下がって，師の影踏まず」というのではなく，時間内だけの講義を考えるだけでなく，人間的な関係の中で師弟関係を構築することも必要なのではないだろうか。パワハラやアカハラを恐れて，契約関係として事務的な講義時間内だけでの浅い関係で学問の継承は行われるのだろうか。

　幕末の私塾について，玉城肇は「松下村塾と緒方塾のあいだに共通しているものといえば，ただ，前へ前へとひたぶるに進んでいこうとする熱情だけであった」（玉城，1961）と述べているように，大学などで学ぶ青年たちの激流のような熱情に大いに期待したいと思う。

I-13　新島襄と同志社英学校の精神

　皆さんは同志社というと，何を連想されるだろうか。

　1875年に新島襄（1843～90）が京都に創設した同志社英学校は，わずか8人の学生，2人の教員からスタートした。130年の時を経て，今出川と京田辺などのキャンパスに14の学部，16の研究科，2万9千人を超す学生数を誇っている。2013年のNHK大河ドラマが「八重の桜」という，創設者の妻が主人公であったため，同志社大学の名も全国的に広まったのではないだろうか。首都圏の私立大学に比べて，最近やや地盤沈下気味なのが，関西の「関関同立」「産近甲龍」であろう。一部の国公立大学以上に，私立大学の中には独特の学風が存在している。京都では，「恋愛するなら同志社，用心棒ならR，結婚するならK大」といわれていた。同志社生の特徴として，金持ちのボンボンというイメージが強いようであった。

　さて同志社の伝統は，どのように形成されていったのか？「自由と良心」や「倜儻不羈（てきとうふき）」などの新島が語った言葉が，どのように現在の同志社教育に受け継がれているか。とりわけ，「諸君一人ひとり……」という襄の言葉の影響は，同志社の教育では，教師と生徒の距離が近いことに一つの特徴があると思われる。現在の文学部英文学科と神学部とが，創設当初からの学部・学科と考えられる。このような問いかけに，沖田行司は「新島の「私学」思想を成立させた客観的な条件が，教育を自らの手で創出する私塾の伝統を，明治政府の教育政策の下で喪失した広範な民衆の支持にあった」（沖田，2007）と結んでいるのは，傾聴に値するのではないだろうか。

　新島襄と八重当時の生活をしのぶ施設として，1878年に竣工された新島旧邸（京都市上京区寺町通丸太町上ル）がある。明治時代の建築として，同志社大学今出川キャンパス内に彰栄館（1884年竣工），礼拝堂〈チャペル〉（1886年竣工），有終館（1887年に開館），ハリス理化学館（1890年竣工），クラーク館（1894年開館）などがあり，国の重要文化財に指定されている。これらの伝統と歴史をもつ同志社が，その教育思想として掲げた「愛人教育」や「国際主義教育」をもう一度問うべきであろう。

I-13　新島襄と同志社英学校の精神

■新島襄と同志社大学関係年表

1875年	新島襄，初代社長に就任
	官許「同志社英学校」を寺町に開校
1876	今出川校地（相国寺門前の薩摩藩邸跡）に移転
1880	自責の杖事件が起こる
1885	「同志社大学設立の旨意」を全国の主要雑誌・新聞に発表
1890	新島襄，永眠
1904	専門学校令による神学校と専門学校を開校
1912	専門学校令による同志社大学（予科，神学部，政治経済部，英文科）の開学
1920	大学令による同志社大学（文学部，法学部，大学院，予科）の開学
1948	新制大学（神学部，文学部，法学部，経済学部）開学

■「同志社音頭」

おいらの同志社　知らないか　知らなきゃ　教えてあげましょう
弥生三月試験受け　四月めでたく入学し
一年生はまだ良いが　2年3年経つうちに質屋通いも板につき　四年生では色気づく
一番電車に乗り遅れ　二番電車は満員で　三番電車は車庫入りで　四番電車に乗り込んで着いたところが烏丸今出川
一時間目は心理学　二時間目は社会学　三時間目はアーメンで　四時間目はエスケープ
─中略─「京大，府大はやぼくさい　立命館はガラ悪い　大谷，龍谷線香くさい　粋な姿の同志社の学生さん」

■現在の同志社大学

　古来，「学生のまち」とも称せられ，京都には下宿屋さんをはじめ，学生に優しい雰囲気が漂っていた。近年のような通学学生への不満やクレームを言われることは皆無であった。同志社は2015年に創設140年を迎えている。新島の自責の杖事件のエピソードや，アメリカンボードのラットランドでの演説後の寄付をめぐる逸話など，同志社人としてぜひ知っておいてもらいたい話も全学に普及させていきたいものである。沖田行司は「晩年の新島はあれほど否定していたはずの武士的世界に回帰してゆく。それは，八重が新島に与えた最も大きな影響であったかもしれない。」（沖田，2007）と述べており，会津の武士教育との関わりを示しているのは示唆に富む見解であろう。

Ⅰ 日本の教育：むかしと今

Ⅰ-14　近代公教育制度の変遷と「教育勅語」

　1871(明治4)年に設置された文部省が，翌年から実施に移した学校教育制度を概観する。学制公布に関しては，その序文にあたる「学事奨励ニ関スル被仰出書(いだれしょ)」において国民皆学を高らかに宣言した。その後，1879年の教育令発布へと続く時期には政府の「文明開化」の精神が色濃く出されており，フランスの公教育システムやアメリカ合衆国の教育思想が濃厚である。全国に学校がつくられ「国民皆学」の方針が出されたことと同様，これを機に標準語が紹介され急速に浸透していくことになったことは強調されてよい。幕末の薩摩人と長州人などの間では会話が通じにくく，筆談をしたといわれている。

　1880年代前後の頃からは，明治天皇の侍講や侍補の職にあった元田永孚(もとだながざね)(1818～91)が，徳育の重視を説いて，国民道徳の基本理念となる「国教」を樹立する必要を強調した。時あたかも，自由民権運動の高揚期にあたる。伊藤博文は初の内閣を作る際に，森有礼(もりありのり)を文部大臣に登用して別の視点からの教育の再編を図ろうとした。1886(明治19)年に出された四つの学校令である。これは，帝国大学令，中学校令，小学校令，さらに師範学校令からなり，ドイツ流の国家主義教育により，近代にふさわしい国民的主体を創出しようという教育政策であった。「欧化と伝統」や「啓蒙と復古」の相克(そうこく)が，明治時代の教育政策の推移のなかに跡づけられる。その変遷のもとで，欧米の先生（お雇い外国人）の定義に合う実例を探して書く答案がそのまま学問の進歩であるという信仰が一部の知識人には残っていたようである。

　さて道徳心を，どのように学校教育の中で育て教授していくかは大きな課題である。1890(明治23)年に頒布された「教育勅語」は，民権運動の高まりや前年に公布された大日本帝国憲法の中に教育に関する条文が皆無であったことが要因であった。元田永孚や井上毅が原案を起草。忠君愛国や「孝」などの儒教的道徳思想を基礎に，天皇の臣民へのお言葉（勅語）という形式で授けたもの。奉安殿に安置され，学校の儀式の中で奉読された。天皇の写真である御真影と共に，各学校に配布。小学校の修身の授業中に，全文を暗記させた。1948(昭和23)年の国会決議で執行するまで，大日本帝国の教育の根幹となった。

I-14　近代公教育制度の変遷と「教育勅語」

■関係史料
『法令全書』 太政官布告（学制序文）
「人々自ラ其身ヲ立テ，……学問ハ身ヲ立ルノ財本……必ず邑ニ不学ノ戸ナク，家に不学ノ人ナカラシメン事ヲ期ス」
＊この史料を文部科学省のホームページで『学制百年史』史料編で一度確認して欲しい。誤字が10箇所近くあって，到底講義の資料として引用できるものではなかった。

『教育ニ関スル勅語』
「朕惟フニ我カ皇祖皇宗国ヲ肇ムルコト宏遠ニ徳ヲ樹ツルコト深厚ナリ……教育ノ淵源……一旦緩急アレハ義勇公ニ奉シ以テ天壌無窮ノ皇運ヲ扶翼スヘシ」

■関係年表

1871年	文部省設置
1872	学制頒布
1879	教育令発布
1880	改正教育令発布，教科書禁止書目を発表
1886	4つの学校令発布
1890	教育勅語が発せられる
1907	義務教育が6年に延長
1918	大学令発布
1941	国民学校令発布
1947	教育基本法公布・施行，学校教育法公布・施行
1948	教育委員会法公布・施行
1956	新教育委員会法公布・施行
1987	臨時教育審議会答申

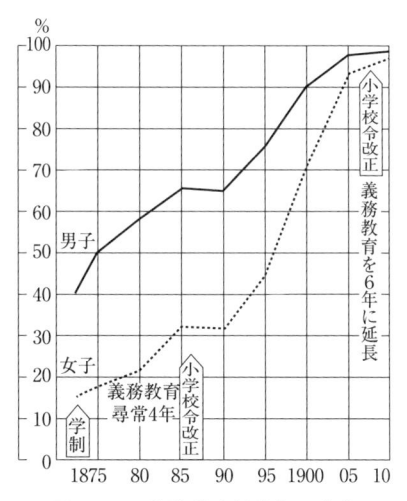

図Ⅰ-6　義務教育就学年の変化
（出典：文部省『学制百年史』1972）

■その後の学校教育の展開
　戦中期には軍国主義の台頭もあり，「教育勅語」や修身教育が最重視された。兵式体操から発展した軍事訓練が必修化される頃には，歴代天皇を神武天皇以下，順に暗記させるようなこともあり，外国の軍用機の名称を当てさせるような歪んだ教育も行われるようになった。

I 日本の教育：むかしと今

I-15　唱歌の歌詞による国家主義の高まり

「君が代」は，古代の和歌から歌詞がとられていることはよく知られている。それに対して，戦前の音楽の授業のなかで児童（少国民）たちが歌い覚えた歌詞には，知らず知らずのうちに愛国心を高めていくような要素があった。代表的な曲として，「同期の桜」や「紀元節」歌などがある。学校で学ぶ唱歌はもちろん，いまも昔も子どもたちの間では，遊びのなかで替え歌を作ったり，数え唄やしりとりの歌などを楽しんでいたりしていた。

筆者の個人体験であるが，明治半ば生まれの祖父にしりとり歌を習った。|「陸軍の」→「乃木さんが」→「凱旋す」→|「スズメ」→「メジロ」→「ロシヤ（アではなかった）」→「野蛮国」→「クロパトキン」→「金の玉」→|→「マカーロフ」→「ふんどし」→「しめた」→「高しゃっぽ」→「ぼんやり」→「李鴻章のはげ頭」→|「負けて逃げるは，チャンチャン坊」→「棒で叩くは犬殺し」→「死んでも命があるように」→「仁徳天皇，拝みます」→「スズメ」に返る

祖父が子どもの頃の日露戦争（1904～5年）に関するものだが，当時の日本が蔑視していた国名など，今日なら大問題である。純真な面を持つと同時に残酷な一面を持つのが幼児である。ここまでの表現を学校では教えないだろうが，遊びという楽しいはずの場で高らかに歌うのである。ちなみに，勝利したばかりとはいえ，ロシアを野蛮などと言い切り，その国の敗将をあげている。一方，日本の天皇だけを賛美しているように感じるのは私だけであろうか。

日清・日露戦争期前後には「軍艦行進曲」や「桜井の訣別」（南朝の忠臣・楠木正成を称える）などの唱歌が作られ，歌い継がれていった。さて，日本に音楽教育を持ち込んだのは伊沢修二（1851～1917）である。唱歌教育の目的を「徳性の涵養」におくと共に，吃音矯正に音楽を活用したりして効果をあげている。伊沢も文部省編修局長兼東京音楽学校長であった1888年には「来れや来れ」を作曲している。同曲の作詞者外山正一は『抜刀隊』の作詞も行っていた。楽しいはずの遊びの中で，軍歌を口ずさむ時代に戻ってはならない。ただ，懐かしい唱歌が理由もなく廃止されて行くのは残念である。

I-15　唱歌の歌詞による国家主義の高まり

■著名な軍歌
「軍艦行進曲」鳥山啓作詞，瀬戸口藤吉作曲
「戦友」真下飛泉作詞，三善和気作曲
「露営の歌」薮内喜一郎作詞，古関裕而作曲
「麦と兵隊」藤田まさと作詞・大村能章作曲
「同期の桜」作詞・作曲者不詳

図I-7　忘れられた唱歌の歌碑
「村の鍛冶屋」（兵庫県三木市・金物神社）

■音楽教育の関係年表

1868年	一部では軍歌とも言われている「宮さん宮さん」完成
1879	伊沢修二の提案で文部省内に音楽取調掛を設置
1880	唱歌教育を開始
1882～4	『小学唱歌集』（全3巻）発行
1885	正式な軍歌第1号の「抜刀隊」が完成
1887	東京音楽学校創立（初代校長・伊沢修二）
1894	「婦人従軍歌」・「勇敢なる水兵」・「雪の進軍」など日清戦争下の代表的な軍歌が作られ，歌われた
1905	「水師営の会見」を，佐佐木信綱が作詞
1931	満州事変おこる（十五年戦争の始まり）
1940	皇紀二千六百年祭
1941	小学校を国民学校と改称（国民学校令）
1945	「同期の桜」この頃

■唱歌から軍歌へ，そして

　廣池千九郎の1889年に自費出版した歴史用教材に『小学歴史歌』がある。日常の遊びを通して歴史に対する関心を高めることを意図したもので，詩の体裁を採用し音読することによって，楽しみながら歴史の流れを知ることができると，序文に記している。「そもそも皇国は東洋の　孤島なれども世界にて御稜威優れし一系の皇帝の知ろしめす　二千五百年来の　類稀なる帝国にてかたじけなくも神武帝……」というもの。戦後には，学校で音楽の教科書や授業の中で歌われる曲も変化してきた。筆者が中学生の時には，ザ・ビートルズなどは学校とは無縁であったし，エレキギターをかかえたグループ・サウンドは不良扱いされた。楽器の名手などミュージシャンとして後年著名になる人物が，学校時代の音楽の成績は振るわなかったという話もよく聞く。趣味で聞く音楽が，学校教育の中でどのように扱われるのかは今後の課題であろう。国歌の扱いなども慎重に考えてゆくべきナイーヴな問題を含んでいる。また，美術教育に関しても同様の課題が残ると思う。

I　日本の教育：むかしと今

I-16　歴代天皇と歴史教育について

　「国漢地歴」という言葉の意味はおわかりだろうか。30年くらい前には書店の一コーナーに，この案内プレートが存在していた。その書店がもともと洋書を専門とするため，日本の人文学関係を一括したのかもしれない。しかし哲学や美学・芸術学などは除外されているようであり，説明が遅れたが，国語・漢文・地理・歴史をまとめて呼ぶ表記であり，ここでいう歴史は国史と外国史に分類される。ただ，旧帝国大学の一部や慶應義塾などの一部私大を除いては，国史や国史学科とは呼ばず，日本史と呼びならわしている。高等学校でも同様であろう。戦前の国史と戦後の日本史のもっとも大きな違いは何であろうか。
　戦前の小学校では，主に二つの事項の暗記を強いられていたと聞いている。天皇陛下（現人神）のお言葉である「教育勅語」と，神武天皇から今上天皇までの歴代天皇名の暗記がそれである。また，戦前に於いては「国史」というものが大きな意味を持つ必修の科目だった。21世紀に学ぶ大学生なら，スマホかPCで調べるだろう。それを単に学習方法の違いというひとことだけで片付けてしまって良いのだろうか。世界史必須の高校での社会科全体が，どちらかといえば，暗記科目として軽視されているのと対比して考えてみたい。何より，時代の差でもっとも大きいのは自分の国のことをどうとらえるか，という問題に行きつくのではないだろうか。自国の歴史を「国史」と呼び，その国独自の歴史観を絶対視して国定教科書で押しつける国もある中で，わが国は余りにも自分の国のこと——特に歴史を知らないのは教育の責任であろう。教育文化史という人間中心の歴史をめざしていきたいのである。そして，教育というもっとも人間らしい建設的な営みを通じて。
　江戸時代の儒学者・荻生徂徠のことばを最後に引用したい。
　「学問は歴史に極まり候。」
　問いが問いを生み，また問いが問いを生むという形で歴史を記述することが可能であり，日々書き直されて行くのである。最低限の知識をふまえて自分で考えて行くのが歴史の方法であり，わかっていないことがこんなに多いということをはっきりと知るべきであろう。

I-16　歴代天皇と歴史教育について

■関係年表

1902年	教科書疑獄事件
1903	小学校教科書において国定制度が採用される（国語・歴史）→国定教科書Ⅰ期（～1910）
1904	修身科〈初等・中等教育における道徳教育科目〉教科書が国定になる
1910	国定教科書の改訂＝国定教科書Ⅱ期（～1918）
1911	南北朝正閏問題おこる
1918	大正時代の国定教科書の改訂＝国定教科書Ⅲ期（～1933）
1933	昭和時代の国定教科書の改訂＝国定教科書Ⅳ期（～1941）
1941	昭和時代の国定教科書の再改訂＝国定教科書Ⅴ期（～1945）
1943	中等学校も文部省著作教科書の使用を義務付け
1945年の敗戦	：戦時教材を省略・削除した墨塗り教科書を使用。修身・地理・日本歴史の授業停止が実施され，3教科の教科書を回収・廃棄
1949	教科書検定制度が復活
1955	「うれうべき教科書」問題をきっかけに教科書検定制度の強化始まる
1965	東京教育大学教授・家永三郎が自著の日本史教科書の検定不合格をめぐって国と法廷で争う教科書裁判をおこす
1982	教科書検定制が外交問題化
2001	中学校歴史教科書検定が再び外交問題化

■歴史教育の実践と現状

　筆者は歴史に関する授業や講義を30年近く行ってきたが，中学・高校生や大学生などがあまりにも基本的な歴史の定義に疎いことに驚き続けている。まず，暦や時代区分・年代の表し方さらに歴史の流れについての無知である。原始の旧石器・縄文・弥生の各時代についての個別の知識は豊富なわりに，原始と古代との分岐点やその理由などについての説明がほとんどできないのである。同様に，中世と近世や近代および現代などについても同様である。逆に戦前の国史の教科書が神話（天照大神）や歴代天皇（神武天皇〜）など人物中心であったことや，戦後のマルクス史観による奴隷制や封建制などについての理解も不十分に思う。総じて，大きな歴史の流れをつかむという視点を持てないまま，細かな歴史用語の羅列とその暗記に終始していることはきわめて残念なことである。

　それぞれの時代に生きていた人間が，どのような生活を送り何を考えていたのかについて考えていくのが歴史であろう。大きく日本史の中でいえば，古代人・中世人・近世人，そして近代人がどのような人々であったのかを考察に努めていきたいものである。その方法の一つとして，教育文化史の立場からのアプローチを軸に民俗学・国文学・考古学・美術史学，歴史学などの学際的な研究の必要がある。

I-17　柳田國男と「社会科」 ― "一人前になる教育" ―

　民俗学の日本での大成者として知られる柳田國男（1875～1962）は，教育学へのさまざまな提言でも注目すべき点が多い。戦後の民主主義教育がスタートした頃，新しい日本を作り上げていく公民の育成を急務のものであると考え，社会科の重要性を力説した。国語教育と両輪の役目を果たす教科として，高く評価している。また，教科書編集にも積極的に参加している。

　柳田の数多い著書からは，地域や実社会の中で人間は教育されていくというものである。人間が一人前になるためには社会の諸活動（村の年中行事など）の際の協力作業を通して一人前と認めてもらうというものである。現在の若者は就職活動の中で一人前に育つ場合が多いように思われる。社会に認知してもらうことが大人の世界への仲間入りになる。柳田の「常民（じょうみん）」という民俗学というフィルターを通した結果であろうか。柳田は「社会の根底を形成し，歴史を支えてきたのは名もなき普通の人々である」と考えていた。彼の出身地は但馬と播磨とを結ぶ生野道の交差する場所で，幼い頃彼が見た風習や河童（かっぱ）の伝説など，その風土が大きな影響を与えたことは間違いない。

　柳田の著書『国語の将来』などによると，国語では文学偏重を排して，事実についての説明文を尊重し文意の忠実な理解を求めている。また，従来からの政治史（人物）中心の歴史に対して，民間伝承を取り込むなどの文化史の重視を主張した。戦前の国家中心の「天皇や公への奉仕」を説いた学校教育への反省から，他人の言いなりにならない「個として独立」した良き選挙民の育成を期待している。新設の社会科を通して，世間（実社会）の勉強をすすめ，「一人前になる教育」を目標としていた。そのための手段として，地域社会を重視した。また，国語などの古典などの教育を通して，自分で考えていく教育を推進しようと考えていた。国の中心を担った知識人が歴史を間違った方向へ動かしてしまった戦前の反省に立って，「常民」という大多数の無名の人々が中心となっての新しい国家建設を期待していた。民主主義日本を担うこれからの少年・少女に一人前の人間として選挙や，納税の責任をしっかり果たしてくれるように社会科の重要性を説いているのであろう。

Ⅰ-17　柳田國男と「社会科」―"一人前になる教育"―

■柳田國男関係年表

1875年	兵庫県福崎町で誕生。後に自らの生家を「日本一小さな家」と称している
1910	『遠野物語』刊行
1913	雑誌『郷土研究』発行
1935	民間伝承の会を創設
1962	87歳で死亡

■戦後「社会科」関係略年表

1946年	文部省「新教育指針」発行
1992	小学校低学年に生活科を設置
1994	社会科を地歴科と公民科に分割

図Ⅰ-8　柳田國男

■柳田の提言と現代教育の課題

　柳田国男は「史心」という概念を導入して，歴史や地域を通しての人間の成長を強調している。総力戦体制であった軍国日本でさえ，学童疎開を行って将来の日本を支える子どもたちだけは守ろうと考えた節がうかがえる。ところが，アメリカ合衆国は日本の広島・長崎という二つの都市を抹消しかねない原爆投下の暴挙を行った。日本は第二次世界大戦の加害者であると同時に，一部の民衆だけは空襲などの被害者であったともいえる。今後，このような悲劇を二度と会わないように柳田は戦後教育に大きな期待をかけたものと結論づけられようか。21世紀に生きる私たちは，果たして柳田の期待に応えられているのだろうか。

　近年の各種国政および地方選挙における投票率の低さ。単なる公民・政治経済，現代社会の一知識としてしか選挙権について考慮してはいないか。自分ひとりくらい行かなくても大丈夫，大勢に影響ない，投票したい候補者や政党がないなどと言い訳するのはやめたい。納税の義務や教育を受ける義務と同様に，日本国民として恥ずかしくない行動をとりたいものである。2016年以降は18歳から選挙権が与えられることになったが，選挙に行かない教育者を筆者は信用しない。さらに，国語力についても義務教育段階での時間数拡大を含め根本的に学習の量と質の充実に努めてもらいたい。高校・大学においては，表面的なプレゼン能力でなく，根本的な国語力の発展にすべての教師が努力を傾けてもらいたい。漢字の書けない英語などの教師は論外である。

　単に担当科目だけを過不足なく教授する段階で満足していてはいけないと思う。

I-18　学園闘争の季節—1960年代前後—

　かつて，学生が熱く政治や社会体制の変革に参加し，「全学連」「全共闘」などという呼称の団体が，自らの主張を繰り広げていた。1960（昭和35）年前後の「安保（反対）闘争」が前者であり，当時の岸信介首相の訪米（アイゼンハウアー大統領の訪日）を阻止した。後者は受験戦争の激化とマスプロ教育の横行などの中で，学園の民主化などをスローガンとして1960年代末から1970年ころに盛り上がった。あまり現在では，語られることもなくなったが，1969（昭和44）年には東京大学の入試が行われず，在校生は一年留年することになった。1970年の受験生は，東大をめざすもっとも優秀な高校生が他の大学へ志望をかえるか，浪人するかの結論を迫られたのである。その影響は翌年にまで及んでいると思われる。
　同志社大学の場合，1960年代末から1970年代の初めにかけて大学闘争のピークがあったと仄聞している。その末期だけしか体験していないのであるが，500人は収容できるような大教室の講義がマスプロ教育の一端を示していた。田辺校地の購入・移転と学費値上げが，他の重要な政治・外交問題よりも学生の関心は高かったと記憶している。当時流行していた「女ひとり」という歌謡曲の替え歌を口ずさんだのを，鮮明に今でも覚えている。教室に血を流した学生が逃げ込んできたり，担当の講師に時間をもらってクラス討論をやったり。学生会館を拠点に，ヘルメット姿の学友会学生が闊歩し，アジテーションや大学側との大衆団交が日常茶飯事であった。一年時の後期はほとんど講義が行われずレポート試験。四年時の後期も同様で，学外に借りた会館で卒業論文の諮問を実施し，卒業式も挙行されなかった。学園内への機動隊出動などの措置を大学の執行部は強行した。その行為に反対して，大学を去った心ある教授（鶴見俊輔）もいた。このような大学の混乱した状況を，単に学園紛争と簡単に片づけてしまってよいのだろうか。一部の高校でも運動は起こっており，その動きは広がりつつあった。同期には，世界的に大学生ら若者の連帯を求めた運動が随所に起こった。中国における文化大革命はその典型である。単なる「紛争」ではなく，若者が解放を求めた「闘争」であったと評価したい。

I-18　学園闘争の季節—1960年代前後—

■学生運動の変遷に関する略年表

1915年	東大新人会の結成
1957	日本トロツキスト連盟の結成
1958	共産主義者同盟（ブント）の結成
1959～60	安保闘争（東大生・樺美智子さんが虐殺される）
1969	東大安田講堂事件（機動隊の学内突入により，占拠していた学生を排除・逮捕），「大学運営に関する臨時措置法」公布
1967	佐藤首相の訪ベトナム阻止羽田現地闘争で京大生・山崎博昭くんが虐殺される
1970	東京大学の入試中止
1972	連合赤軍によるあさま山荘事件
1995	文部省と日教組が協調路線に転換

■現状への提言

　自分の幸せだけを追い求めている若者に，この時期の世界の若者たちは変革によるもっと広い理想の世界を作り上げようと立ち上がり運動を続けていたのである。結果論でなく，世界同時革命の達成といった夢の実現へ，賭けていった姿こそ，グローバル・ワイドな行動であろう。学園闘争，大学闘争といわれるべき所以である。この当時の学生運動家とよ

図I-9　安田講堂と学生のデモ

ばれた学生たちは本気で自分たちが世の中（日本，世界）を変革しようという大きな目標（その手始めとしての「大学解体」論）を抱いていたと思う。時代背景といってしまえばそれまでであるが，若者が夢を持ち行動したことの持つ意味だけは，しっかりと受け止めておきたいと思う。
　政治や社会の動静はそこで生きた人々の生き方によることを，もっと考えて行動すべきであると考える。話が大げさになるが，「歴史は人間がつくる」ものであり，若者こそが現状への革新を唱えて，次の時代を構築していくべき存在なのである。学園の自治に関しては，学生による自治会も少なくなる傾向を見る時，従順な大学生ばかりで今後大丈夫なのか，一抹の不安を感じる昨今である。方法論や行動などに今日から見れば，たとえいくぶん問題があったにしても夢に向かって努力し，実現への道を切り拓いてゆこうとする姿勢に学べる要素はあると信じている。

I-19　予備校の教育って？

　1970年前後に，団塊の世代の若者たちが大学生になろうとする時期に至った。「受験生ブルース」という曲がヒットし大学進学予備校という存在が市民権を得はじめたように認識している。1980年代後半の「第二次ベビーブーム」世代が大学受験を迎える頃，一部の予備校講師がテレビに登場し収入のよさなどを取り上げられるまでになった。大学受験の体験者なら，「三大予備校」というのをご存知だろう。1980年代頃から，大阪ではSKY戦争ともいわれて，地下鉄の数駅間に三つの予備校が乱立し団塊ジュニアの受験生を激しく争奪しようとしていた。「受験戦争」は人気講師と呼ばれる受験指導にたけたプロ教師が脚光を浴び始め，講師の引き抜きも行われたと仄聞している。
　同時期の予備校生は真剣に受験勉強―予備校の講義に取り組んでいた。彼らの中には，講師を盛り上げてより素晴らしい講義に持ちこむ聞き上手な一面を持っていた。高校などの教員の予備校見学の際に，自らの授業中とは全く違う緊張感と同時に教室全体が明るいという報告を見聞した。飲食物などのプレゼントが教卓の上にズラリ並ぶことも。バブル期の一時的な傾向ともみなせるが，講師と生徒との距離の近さを感じさせる。大人数の生徒を対象とした一斉講義である欠点を補完するため『オープン・ドアー』システムを採用，いつでも質問を受けつけるという方法をとった。人気講師には長蛇の列がいつも続くという事態も見受けられ，講師が峻別された。ある講師は，授業最後に「今日はここまで」と締めのことばを言い終わると同時に終了の時間を告げるベルがなったとか。神官や僧侶の服装で教壇に立ち，合格祈願の祈祷や読経を行うなどのパフォーマンスもあった。奇をてらったような行為をしつつも，予習には時間を用いて受験生を納得・満足させる充実した講義を行ったそうである。
　予備校講師は5者が必要だと聞かされた。「学者」「医者」「易者」「役者」「芸者」たれという。不安な受験生を相手にする場合，三番目の要素も大切だと諭された。大人数のクラスで90分という授業では，エンターテイナー的な役割も持つべきである。後年，教員採用試験に同じ問題が出題。6番目に教師として必要な要素を問うものであった。何が必要だろうか。

I-19　予備校の教育って？

■関係年表

1979年	共通一次学力試験がはじまる
1986	代々木ゼミナールが大阪（関西）に進出
1990	共通一次学力試験にかわり大学入試センター試験はじまる
2015	代々木ゼミナールが校舎を大幅に削減

■某予備校の「授業アンケート」の質問項目

1. この授業へのあなたの出席状況は？
2. 出席していない理由は主に何ですか？
3. 授業内容全体に対する満足度について
4. 声量・口調について
5. 板書について
6. 授業の進め方について
7. 教材の難易度について
8. 教材の分量について
9. 教材の使いやすさについて

＊この内，3～6が講師への評価であり，それによりギャラや担当コマ数が決定。

■「受験生ブルース」　うた：高石友也，作詞・作曲：中川五郎

　高石友也は当時，立教大学8回生。中川五郎は同志社大学文学部社会学科の学生であった。高校3年生の男子が受験を控え，その日常の悲哀をコミカルに描写していた。短波放送で旺文社が提供していたラジオ講座は，この時期大変流行していた。また，母親の発言として，「合格してくれないと世間にあわせる顔がない」などと，近所づきあい〈社宅や団地を想像させる〉の一面を伝えている。最後の一節，勉強しないでこんな歌を歌っていたら，来年は浪人のブルースを作っているというのが笑わせてくれる。初めて，大学の教壇に立った時，受講生にテープを聴かせてみたのであるが，あまり反応がなかったのを記憶している。

■現在の予備校事情

　21世紀に入り少子化がいっそう進むと，個別学習方式が台頭してきて，大教室は徐々に姿を消していく。私立文系志願者という大規模集団が徐々に減少し，国立理系や医学部志望者，難関国立文系という従来は少数派であった集団にシフトが変化してきた。予備校バブルがはじけて，本来の上位層に難関大学進学への指導を行う形になったともいえる。一方，高校時代にあまり勉強をしてこなかった層も相変わらず存在している。成績が真ん中の層が減り，上下に分化したとも考えられる。学校教育を考察していく時，予備校の教育はひとつの示唆を与えてくれるかもしれない。さまざまな入試制度も試行錯誤している現状を見る時，「受験勉強も通過儀礼」である。人間を鍛錬する場としてクローズアップされ，その教育のやり方から現役教師は学んでゆくべき一つの方向を知っておいてもよいのではないだろうか。授業に一心不乱に励む姿勢は若者のもっとも望ましい姿と感じる。

I　日本の教育：むかしと今

I-20　日本における「教育」と大学入試改革

　中国の漢語である「教育」という熟語は，『孟子』の君子の三楽の一つに，「天下の英才を得て，これを教育す」という表現に由来する。「庠序」という学校をさす用語もほぼ同時期に伝わっていた。中世以降には教育施設が武士や上層の農民層や商人らにも広がった。それらは教育というより学問であり，自らの「学び」の姿勢に由来するものであると結論づけられる。仏教の「教化」にも大きく影響を受けた寺院における教育活動にも結びつく。「教育」という用語は，文献の上では江戸時代中期になっての使用例が確認できる。教化の面が強く，自学するのが被教育者にとっての前提とみなされていたと解釈する。

　一方の「教育原理」は，戦後の教員養成科目の一つとして教育学概論や教育原論などとも称している学科である。教員資格を取得するため，一年次の春学期から受講できる大学も少なくない。筆者が大学生の頃は，教育関係科目は二年次以降でないと登録できなかった。三年次で教科教育法，四年次で教育実習は現状と同じである。当時は，一般教養（人文・社会・自然のそれぞれ3科目，語学2科目，保健体育3科目など）が必修であった。資格科目を受講するには，幅広い教養科目をできれば優秀な成績で身につけた上で教育学を強い意志をもっての受講を希望したい。

　最後に，昨今の大学入試制度について考えておきたい。高校入試までは，それまでの学校で履修した科目で受験し，入学後もその科目を学習するわけである。ところが，大学で学ぶ科目だけは，高校までの科目と大幅に異なっている。私大では経済学部や商学部に数学をしっかり履修せずに受験でも使用しない場合が多い。今後の高校と大学の実情に合わせた受験科目（英・数・国・社・理の必修）に変更すべきであろう。また，文学部をはじめ，学科ごとの選抜になっているが，学部一括募集の入試に変更していくべきであろう。入学後の成績で，専門学科を選択してゆく方向が望ましいと考える。高校の勉強をプールでの水泳，大学での学問を海での泳ぎに例えた筒井美紀の考え（筒井，2014）は的を射た発言であると思う。大学での育成を重視したい。

I-20 日本における「教育」と大学入試改革

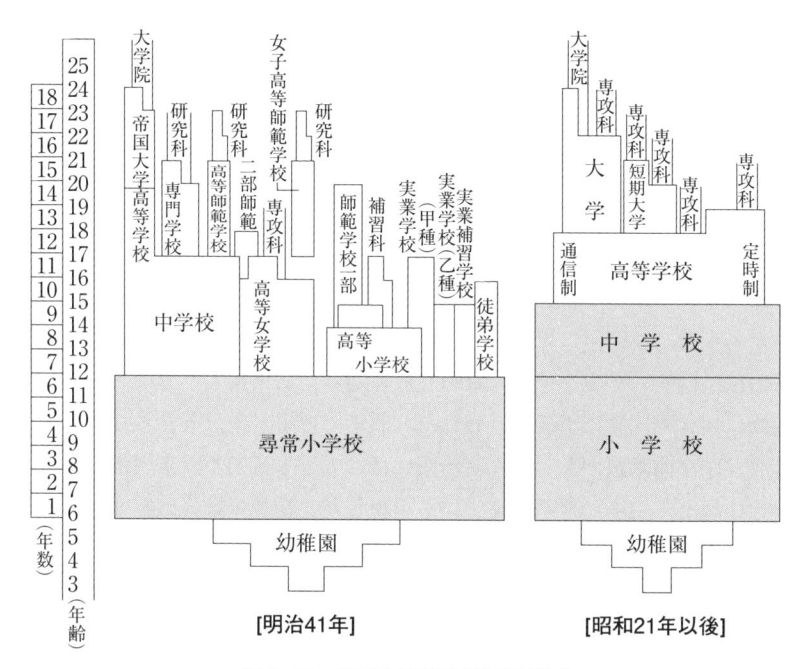

図I-10 戦前と戦後の学校系統図

■今後の大学教育

　小学校以来の知識偏重の「勉強」を続けて大学入試を突破してきた学生は，大学での「学問」を苦手とする者も少なくない。教師の講義を丸暗記すればよいとでも考えているのであろうか。もちろん，そのような無理を強いているわけではない。講師の見解に，質問や疑問を投げかけ，自分ではどう考えるのかということを要求されていることに気づかない場合が多い。「聞く」力が落ちていることも原因の一つかもしれない。もちろん，自分の考えを構築して行くためには最低限の知識が必要であることはいうまでもないが，大学での伸びに期待する。

　優秀な受験校出身者が研究テーマをなかなか決められないのに対して，それ以外の出身者でもテーマ決定は言うまでもなく，プレゼンテーションの能力，レジュメ作成に秀でている例は，少なくないのである。話術の巧みな学生，要約にセンスを感じさせる読解力のある学生，クラスを明るく和ませる学生など，それぞれの特性をよく見極めて大学教育における指導を続けていきたいものである。

I　日本の教育：むかしと今

I -21　大学における学部の盛衰―「実学」とは？―

　1869（明治2）年に昌平学校（元の昌平坂学問所）に開成学校（元の蕃書和解御用）・医学所（元の種痘所）を統合する形で大学は創設された。だが2年で廃止となり，大学南校（開成学校）・大学東校（医学校）として残る。洋学と医学がまず選ばれたといえよう。医学を軸とする理系教育偏重の始まりである。1877年にそれらを統合して発足した東京大学は法・理・工・文・医の分科大学があった。1890年に東京農林学校を合併，1919年に学部制を採用。大学創設目的は，国家の枢要を担う人材の養成にあった。東京大学ではお雇い外国人を教師に招き外国語で講義が行われた。語学の習得が絶対条件になる。エリート養成が国家的課題であった。明治期には，大日本帝国が欧米列強に「追いつけ，追い越せ」の中で理系（実学）を重視した。1897年京都にも帝国大学が創設され「末は博士か，大臣か」という状況が続いた。

　大正から昭和初期には帝国大学は日本各地に創設され，八つの帝大のほか，専門学校から格上げされた私立大学も数が増えてきた。昭和初期の恐慌期には「大学は出たけれど」と，称せられるほどの就職難の時期もあった。第二次世界大戦後には「駅弁大学」と呼ばれるようになり，当時の国鉄の急行停車駅にあたる駅売り弁当販売程度の地方都市に大学が新設された。各県に大学が乱立する頃には，私立の文系をはじめこれら国公立の大学への進学者が急増した。類似学部も盛んに増設され，マスプロ教育との批判を浴びるに至った。偏差値至上主義がある反面，大学の教育への導入としての一般教養教育の充実を図るべき時期になっている。

　大学本来の意味を忘れている。実学の名のもとに産学連携などを積極的に進め，インターンシップという制度で学生に企業での社会人体験をさせる等，就職予備校化しているとしか考えられない。最終学府としてのプライドはどこへいったのだろうか。実学の意味をはき違えている。「地元」「安全」「理系」「資格」が人気を集めるキーワードであるとか。「大学とは，……個人を時代のレヴェルになめす働きを担う機関である」と，鶴見俊輔は定義している（鶴見，2010）。大学教育に関わるものとして，心に留めておきたいことばである。

Ⅰ-21　大学における学部の盛衰—「実学」とは？—

■帝国大学一覧

1876年	札幌農学校⇒1918年に北海道帝国大学（札幌）
1877	東京大学⇒1886年に東京帝国大学
1897	京都帝国大学
1907	東北帝国大学（仙台）
1910	九州帝国大学（福岡）
1924	京城帝国大学（朝鮮半島・ソウル）
1928	台北帝国大学（台湾・台北）
1931	大阪帝国大学
1939	名古屋帝国大学

■戦前に存在した主な教育機関

1874年	陸軍士官学校（東京）
	工学校→1877年に工部大学校→1886年に東京大学に吸収
1876	海軍兵学校（初め東京→のち広島に移転）
	工部美術学校→1883年に廃止
1886	東京に高等師範学校
1887	東京音楽学校
1887	東京美術学校（絵画〈日本画〉・彫刻・美術工芸）→1896年に西洋画科を増設
1890	女子高等師範学校

■関係史料

帝国大学令（1886年）
「第一条　帝国大学ハ国家ノ須要ニ応スル学術技芸ヲ教授シ及其　奥ヲ攻究スルヲ以テ目的トス」

■「実学」について

　マンガ学部，子ども学部アジア子ども学科，不動産学部，キャラクター造形学科，現代ライフ学部，文化財学部文化財修復国際協力学科などのユニークで，細分化された名称を名乗っている。多様化という美名のもと，学問的に構築された学問なのであろうか。学部の名称よりも大学自体の魅力で学生を募集していける方向に転嫁してゆく大学の改革が望まれる時期になっている。その方針に何の疑問も持たず，狭い範囲に限定された実学や就職に有利であるというただ一点のための予備校のように考えている大学生やその保護者たちがいる。国家のために学ぶという自負を持った真の大学生が学びたい科目を設置したいものである。怠学・厭学などが横行している大学生に，真の「学び」の楽しさや面白さを伝えられるようにしていくのが大学人の課題であろう。

　少人数クラスはもちろん，現地調査などのフィールド・ワークの採用は大切であろう。そして何より，学生に近い（話しかけやすい）教師が望まれるだろう。受講生１人ひとりの個性を重視しつつ，転学部や転学科などをもう少し頻繁に容易にチャレンジできる機会を提供することなども必要かもしれない。

I　日本の教育：むかしと今

I -22　教育基本法を教室で読もう！

　2006年12月22日に新しい教育基本法（平成18年法律第120号）が公布，施行された。第1次安倍晋三内閣の文教政策のひとつであった。この改正は1947年3月31日の公布・施行以来，一度も改正されてこなかった旧教育基本法（昭和22年法律第25号）のほぼ全部を改正するものといわれる。両者を比較したい。旧法は前文と11条だったが，平成の現行法では前文と4章18条。四つの章を列挙すると，第1章「教育の目的及び理念」，第2章「教育の実施に関する基本」，第3章「教育行政」，第4章「法令の制定」という構成である。

　旧法は，敗戦後の教育の民主化の一環というより，「教育の憲法」とも称せられたように戦後教育の出発点であり，根幹をなすものであった。1946年11月3日に公布された日本国憲法に基づき「国民主権，平和主義，基本的人権の尊重」による教育の方向を明示していた。とりわけ，前文にある「民主的で文化的な国家を建設して，世界の平和と人類の福祉に貢献しようとする決意を示した。この理想の実現は，根本において教育の力にまつべきものである」という一節は，筆者に教育者への道を選ばせた。今回の前文も含めた改訂に疑問を感じた識者も少なくなかった。日本教職員組合など現場の教員らが反発したのはなぜだろうか。自分たちが受けてきた学校教育や，自らが行う教育の根底を揺り動かされ，ある部分では否定されたように受けとめた者もいたと推察する。

　一方，なぜ改訂したかを文部科学省の主張にそって確認したい。文科省から出された通知「教育基本法の施行について」には，次のように記されている。「①特に前文を設け，本法制定の趣旨等を明らかにしたこと。②教育の目的及び目標について，旧法にも規定されている『人格の形成』等に加え，『公共の精神』や『伝統と文化の尊重』など，今日重要と考えられる事柄を新たに規定したこと」が，冒頭に掲げられている。①に関しては，両者を比較検討すべきであるが，わざわざ改訂すべき重要な記載があるかどうかは，意見の分かれるところであろう。②は，旧法に明記はされていないものの「人格の形成」がおこなわれていれば，必然的に「公共心」や「伝統などの尊重」の精神は育まれているものと考えるのは筆者だけであろうか。疑問が残るところである。

I-22 教育基本法を教室で読もう！

■関係史料

教育基本法	旧教育基本法
前文 　我々日本国民は，たゆまぬ努力によって築いてきた民主的で文化的な国家を更に発展させるとともに，世界の平和と人類の福祉の向上に貢献することを願うものである。 　我々は，この理想を実現するため，個人の尊厳を重んじ，真理と正義を希求し，<u>公共の精神を尊び，豊かな人間性と創造性を備えた</u>人間の育成を期するとともに，<u>伝統を継承し</u>，新しい文化の創造を目指す教育を推進する。 　ここに，我々は，日本国憲法の精神にのっとり，我が国の未来を切り<u>拓く</u>教育の基本を確立し，その振興を図るため，この法律を制定する。	前文 　われらは，さきに，日本国憲法を確定し，民主的で文化的な国家を建設して，世界の平和と人類の福祉に貢献しようとする決意を示した。この理想の実現は，<u>根本において教育の力にまつべきものである。</u> 　われらは，個人の尊厳を重んじ，真理と平和を希求する人間の育成を期するとともに，普遍的にしてしかも個性ゆたかな文化の創造をめざす教育を普及徹底しなければならない。 　ここに，日本国憲法の精神に則り，教育の目的を明示して，新しい日本の教育の基本を確立するため，この法律を制定する。

■戦後教育史略年表

1946年	第1次米国教育使節団報告書
1954	教育二法（教育の政治的中立性確立法）公布
1956	文部省が初の全国学力検査を実施
1961	中学校で全国一斉学力テスト実施（〜1967年中止）
1963	経済審議会「経済発展における人的能力開発の課題と対策」答申
1966	中央教育審議会（中教審）「期待される人間像」答申
1971	中教審「今後における学校教育の総合的拡充のための基本的施策」答申
1974	高校進学率90％を超える
1988	初任者研修制度導入
1989	国連「子どもの権利条約」採択⇒日本は1994年批准
1993	文部省，業者テスト排除の通知
1996	中教審が答申で「生きる力」を提言
1999	国歌・国旗法 　　　学力低下論争はじまる
2006	教育基本法を改正

■「教育基本法」の活用

　改正当時の内閣を主に組織していた保守党は，「愛国心」を強調しそれを盛り込みたかった。教育法の中に，独自の政治姿勢や主張が投影されるのは危惧を感じる。逆に，現行法では生涯学習社会の実現と教育の機会均等を規定したことは高く評価できる。大切なことは「教育基本法」を読み，その内容に精通してゆくことではないだろうか。

Ⅰ 日本の教育：むかしと今

Ⅰ-23　人物教材と教育学の研究—古代・中世の日本の教育史の場合—

　小学生の歴史学習は，人物を中心に構成されている。やや古い例にはなるが，1989年には，以下の人物名が具体的に示されている。この内，古代・中世は以下のとおりである。

　卑弥呼，聖徳太子，小野妹子，中大兄皇子，中臣鎌足，聖武天皇，行基，鑑真，藤原道長，紫式部，清少納言，平清盛，源頼朝，源義経，北条時宗，足利義満，足利義政，雪舟，ザビエル，……以下略。

　この中で，教育に関わる人物として筆者が過去の教育学関係の講義中で取り上げた人物は，聖徳太子，中大兄皇子（天智天皇），紫式部である。王仁をはじめとする渡来人，南淵請安と僧旻，吉備真備，石上宅嗣，鬼室集斯，空海，菅原道真，北条実時，上杉憲実，さらにキリシタンの学校を作ったキリスト教の宣教師などである。これらの人物をどのように利用して，講義を構成していくかを考えていく。教育史上の人物と学校を結びつけることが容易であった。北条実時と金沢文庫，上杉憲実と足利学校，空海と綜芸種智院（仮託の『いろは歌』）などがそれである。次に，教育思想へと展開させてゆく例もある。聖徳太子の憲法十七条から，官吏教育の理念を史料から考えさせるのである。この場合，史料の読み方やその時代背景などを説明し始めると，めだって理解度が落ちる。日本史だけでなく，古文の知識が欠如している学生が近年増えているようである。紫式部の『源氏物語』を活用して，彼女を通して女子教育について考察させようという時に障害となった。平安時代が理解できない上に古文知識も断片的すぎるのである。

　対外関係を通じての文化交流の視点である。半島からの渡来人や来日僧，大陸への留学生（僧）の動きに注目させる見方である。天智天皇時代創設「庠序（大学）」の「学職頭(ふんやのつかさ)」—長官（教授）が百済から亡命した貴族だと知らせた。唐から帰国した南淵請安や僧旻の私塾に，中大兄皇子や中臣鎌足，蘇我入鹿が通っていた逸話は歴史好きには好評であった。吉備真備の場合，大量の漢文文献を招来した文化的な意味は大きいし，女性皇太子の家庭教師をしていたことなど，女性の教育文化的な役割はあまり知られていない。

I-23 人物教材と教育学の研究―古代・中世の日本の教育史の場合―

■関係史料
中大兄（近江宮に宇御めたまひし天皇）の三山の歌一首
「香具山は　畝傍を惜しと　耳梨と　相争ひき　神代より　かくにあるらし　古も
　然にあれこそうつせみも　妻を　争ふらしき」（『万葉集』）
紫式部
「めぐり逢いて　見しやそれとも分かぬ間に　雲隠れにし夜半の月かな」
清少納言
「夜をこめて　鶏のそら音ははかるとも　よに逢坂の関はゆるさじ」
菅原道真（菅家）
「このたびは　ぬさもとりあへず手向山　紅葉の錦神のまにまに」
（以上3つ『小倉百人一首』）
藤原道長
「此の世をば我が世とぞ思ふ望月のかけたる事も無しと思へば」
（『小右記』藤原実頼）

■隋へ派遣された留学生・留学僧（608年）
倭漢直福因，奈羅訳語恵明，高向漢人玄理，新漢人大國
新漢人日文（帰国後，私塾を開く），南淵漢人請安（同左），志賀漢人恵隠，新漢人広済

■鑑真（688？～763）のことば
「「誠にこれ仏法興隆有縁の国なり。今我が同法の衆中，誰かこの遠請に応へ，，日本国に向ひて法を伝ふる者あるや」と。……和上曰はく「これ法事のためなり，何ぞ身命を惜しまむ。諸人去かざれば，我すなわち去くのみ」と。」（『唐大和上東征伝』淡海三船）

■人物史と日本の教育学（教育文化学）
　歴史の流れの中でこれらの教育文化的な事項を位置づけていくことも，人物と言うとっつきやすいテーマを利用して教育行為を説明する手段になる。時代の中でその人物の評価が変わっている例を覚えておかなければならない。男を軸とする His Story からの脱却も必要であろう。その際，ジェンダーを意識するあまり Her Story に終始してしまうのでなく，Their であり，Our Story を考察すべきであろう。

Ⅱ 海外の教育：むかしと今

1　西洋教育の流れ……*60*
2　魂の教育者ソクラテス……*62*
3　プラトンの神秘主義的教育論……*64*
4　有機的教育観と機械的教育観……*66*
5　教育の連続的形式と非連続的形式……*68*
6　死と再生の通過儀礼……*70*
7　文化伝達ということ……*72*
8　近代教育学の創始者コメニウス……*74*
9　ルソー，ペスタロッチ，フレーベル……*76*
10　ヘルバルトの系統的な教授法……*78*
11　デューイの問題解決学習……*80*
12　シュタイナー教育……*82*
13　モンテッソーリ教育……*84*
14　オルタナティブ教育……*86*
15　ホリスティック教育……*88*
16　ハクスレーの「両生類の教育」……*90*
17　クリシュナムルティの「気づきの教育」……*92*
18　ケアリングの教育……*94*
19　感情教育……*96*
20　身体からの教育……*98*
21　ESDとブータンのGNH教育……*100*
22　教育におけるスピリチュアリティ……*102*
23　魂の教育……*104*
24　サイコシンセシス……*106*
25　観想教育―マインドフルネス―……*108*
26　教師教育―省察的実践家と観想的実践家―……*110*
27　東洋的人間形成論……*112*

II-1　西洋教育の流れ

　シュタイナー教育の創始者として知られるルドルフ・シュタイナー（Steiner, Rudolf 1861－1925）は，西洋文明のなかで教育が三つの発達段階を経てきたという。つまり，古代ギリシアにおける身体の教育，古代ローマの魂の教育，そして中世以降の精神の教育である。身体と魂と精神は3 H（Hands, Heart, Head）に相当し，人間の全体性を表している。
　古代ギリシアで理想とされたのは「体育教師」（ジムナスト）であり，体育教師は身体の調和とともに，魂と精神の調和を実現した人とみなされていた。身体の調和，すなわち肉体美は神の美を表現しているものとして重視された。たしかにオリンピックは古代ギリシアにその起源がある。「健全な精神は健全な肉体に宿る」と言われるように，ギリシアでは，身体のなかには魂と精神が宿っており，身体を訓練することによって魂と精神は自然に発育すると信じられていた。子どもは体育場（パレストラ）に通って体育教師から舞踏や競技を学んだが，舞踏は音楽（ムーシケー）の学習と結びついていた。シュタイナーは古代ギリシアの舞踏をもとに，オイリュトミーという独自の舞踏芸術を考案している。またシュタイナーは，ギリシアのこうした人間観が東洋の身体修行の伝統に影響されたものであると指摘している。
　つぎにローマ時代になると，教育の中心は体育から弁論術へと移っていき，「雄弁家」が重視されるようになる。この時代に，クインティリアヌス（Quintilianus 35頃－100頃）は雄弁家の教育論を著している。シュタイナーによれば，これは魂の教育が強調されるようになったことを意味している。雄弁家の教育は中世まで続くが，中世も半ば（15世紀）になると，知識ある人，すなわち「博士」が教育の理想とされるようになり，精神や思考の教育が中心になる。そしてこの傾向は現代の教育にまで続いている。
　古代ギリシア，古代ローマ，中世を経て，教育の中心は，身体（運動），魂（感情），精神（思考）へと移ってきた。言い換えれば，これは，身体・魂・精神を統合した全体的な人間観がしだいに失われてきた歴史でもある。それゆえシュタイナーは，全体的な人間観と教育を回復することを求めている。

II-1　西洋教育の流れ

■シュタイナー『**現代の教育はどうあるべきか**』(佐々木訳, 1985)

　ジムナストは，人間が世界，すなわち，宇宙に働く神聖な作用および支配力と見なした事柄に基づいて，人間の身体機構全体を取り扱うことのできる人だったのであり，雄弁家は，魂の力が肉体を通して表われる限りにおいて，魂の取り扱い方を知っている人であったのであります。体育教師は肉体を鍛練し，それによって魂と精神を共にギリシャ文明および文化の高みにまで到達させたのであり，雄弁家は魂に関心をもち，魂についての演説者，教会の演説者（教師）として自己の極致と栄誉に到達したのであります。そして，ついには行為する能力が全く評価されなくなるのであります。今や魂を身体活動の中で取り扱うのではなく，人間の内部で支配している全く不可視なものを取り扱う人，つまり，ただ知識のみがある人が教育の最高の理想として輝いているのであります。(p.47)

　現代におきましては……徐々にではありますが，今一つの理想，すなわち，もっとバランスのとれた人間観に基づく理想が生じてきているのであります。人々は，ただ博士に関することにのみ耳目を奪われてきていたのでありますが，小さい子どもに知識を詰め込む博士の教育……に加えて，今や再び全人教育，全体的な人間の教育への切望が起こってきたのであります。(p.48)

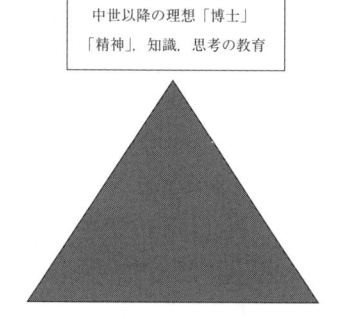

```
                中世以降の理想「博士」
                「精神」，知識，思考の教育



                      ▲



古代ギリシアの理想「ジムナスト」        古代ローマの理想「雄弁家」
「身体」，舞踏，音楽，競技の教育       「魂」(感情)，弁論術，修辞学の教育
```

II-2 魂の教育者ソクラテス

　ギリシア時代を通じて，さらには西洋教育の歴史全体を通じても，ソクラテス（Socrates 紀元前470頃-399）はもっとも傑出した教育者であったといえる（矢野智司によれば，「純粋贈与者」としての最初の教師と呼ばれる）。そしてソクラテスは，いまでも教育の本質について私たちに反省を迫る存在である。
　ソクラテスの言動は，弟子のプラトン（Plato 紀元前427-347）が著した『ソクラテスの弁明』をはじめとする対話篇を通じて伺い知ることができる。「ソクラテス以上の賢者はいない」というデルフォイの神託に接して，得心のいかないソクラテスは，アテナイの賢いと思われる人たちを探し歩いては対話を重ね，それらの人も，善や美について真の知者ではないことを発見する。その結果ソクラテスは，自分が知らないということを知っているという点で少しは賢明なのだと判断した。これを「無知の知」という。
　人々は思い込み（ドクサ）のなかで生きており，自分は知っているのだと思っている。ソクラテスは，人が自分の思い込みを吟味し，実は知らないのだということに気づき，知恵を求めるようにさせるために，アテナイの市民を相手に対話をくり返した。このソクラテスの活動が「魂の世話」と呼ばれている。
　ソクラテスは「ディアレクティケー」（対話術，問答法）という方法を導入している。対話のなかでソクラテスは相手に質問を投げかけ，相手がアポリア（行き詰まり）に陥ることで，相手の前提を論破し，その上で真理が生まれ出てくることを助けようとした。それゆえソクラテスの教育は「産婆術」と呼ばれる。ソクラテスの対話術は，対話的な教育実践のモデルとなっている。
　ところで，多くの人は，自分が無自覚のうちに前提にしている考えが論破されると，それを真理に目覚める機会と捉えるよりも，むしろ自分に対する許しがたい侮辱として受け止めるであろう。事実ソクラテスの言動はアテナイ市民の反感をかうことになった。彼は，若者へ害悪を及ぼし，ダイモニオン（神霊）を信じているという罪状で告発されることになる。このとき有名な弁明が行われるが，最後には死刑判決を受け，毒杯を仰ぐことになる。ソクラテスの死に臨む姿もまた，意識的な死として重要な意味を有している。

II-2　魂の教育者ソクラテス

■プラトン『**ソクラテスの弁明ほか**』(田中・藤澤訳，2002)

　しかしわたしは，彼と別れて帰る途で，自分を相手にこう考えたのです。この人間より，わたしは知恵がある。なぜなら，この男も，わたしも，おそらく善美のことがらは何も知らないらしいけれど，この男は，知らないのに何か知っているように思っているが，わたしは，知らないから，そのとおりにまた，知らないと思っている。だから，つまり，このちょっとしたことで，わたしのほうが知恵があることになるらしい。つまり，わたしは，知らないことは知らないと思う，ただそれだけのことで，まさっているらしいのです。(p. 18-19)

　わたしが歩きまわっておこなっていることはといえば，ただ，つぎのことだけなのです。諸君のうちの若い人にも，年寄りの人にも，だれにでも，魂ができるだけすぐれたものになるよう，ずいぶん気をつかうべきであって，それよりもさきに，もしくは同程度にも，身体や金銭のことを気にしてはならない，と説くわけなのです。そしてそれは，いくら金銭をつんでも，そこから，すぐれた魂が生まれてくるわけではなく，金銭その他のものが人間のために善いものになるのは，公私いずれにおいても，すべては，魂のすぐれていることによるのだから，というわけなのです。(p. 46)

　だから，こういう人間をもう一人探すといっても，諸君よ，そうたやすく諸君には得られないでしょう。むしろ，もし諸君にわたしの言う意味がわかるならば，諸君はわたしを大切にしておかなければならないことになるでしょう。しかし諸君は，たぶん眠りかけているところを起こされた人たちのように腹を立てて……わたしを叩いて，軽々に殺してしまうでしょう。そしてそれからの一生を，眠りつづけることになるでしょう。(p. 49)

II-3　プラトンの神秘主義的教育論

　プラトンは西洋思想史のなかで最大の思想家の一人であるが，教育家，教育思想家としても偉大な存在であった。プラトンはアテナイの名門に生まれ，政治家を志すが，それが果たせず，20歳の時ソクラテス（当時62歳）に出会い弟子となる。ソクラテスの刑死後，諸国を遍歴し，紀元前387年（プラトン40歳の時）アテナイ郊外のアカデメイアに哲学研究のための学園を開いた。プラトンは多くの対話篇を残しているが，そのほとんどがソクラテスを主人公にして描かれている。しかし中期以降の作品は，プラトン自身の思想を展開したものだといわれている。エロスを論じた『饗宴』，魂の不死性を論じた『パイドン』，理想国家を描いた『国家』などが代表作である。またプラトンの思想にはピュタゴラスの影響が大きいともいわれる。
　プラトンの中心思想はイデア論である。あらゆるものには，その範型となる不変のイデアが実在し，個々の存在はイデアを分有しているというものである。美しいものには美のイデアが，善い行為には善のイデアがある。プラトンにとっては，感覚的世界を超えた不可視なイデアこそが真の実在であり，それゆえイデアを知ることが重要になるが，永遠不変のイデアはすでにいつでも存在しているため，イデアは「想起」されるものである。プラトンは，その方法として哲学的問答法（ディアレクティケー）をあげている。
　『国家』のなかで，プラトンは，イデアを知る哲人王が統治を行う理想国家を描き出しており，その第七巻は，哲人育成のための教育論になっている。ここには有名な「洞窟の比喩」が登場する。洞窟のなかに暮らす囚人たち（通常の人々）は，洞窟の奥に映し出される影しか見ることができず，影を真実の世界と誤認している。ところが一人の囚人が解放され，洞窟から出て太陽（善のイデア）を目にして，それを伝えるために洞窟に戻ってくる。プラトンにとっては，イデアを見ることができるように視点を転換し，イデアへと上昇していくことが教育である。この意味で井筒俊彦は，プラトンのいう教育を「一つのまぎれもない神秘道」であるという。驚くことに，プラトンはそのカリキュラムまでも描き出している。

II-3　プラトンの神秘主義的教育論

■プラトン『国家』下（藤沢訳，1979，p.104-105）
　「……そもそも教育というものは，ある人々が世に宣伝しながら主張しているような，そんなものではないということだ。彼らの主張によれば，魂のなかに知識がないから，自分たちが知識をなかに入れてやるのだ，ということらしい——あたかも盲人の目のなかに，視力を外から植えつけるかのようにね」
　「ええ，たしかにそのような主張が行なわれていますね」と彼は言った。
　「ところがしかし，いまのわれわれの議論が示すところによれば」とぼくは言った，「ひとりひとりの人間がもっているそのような〔真理を知るための〕機能と各人がそれによって学び知るところの器官とは，はじめから魂のなかに内在しているのであって，ただそれを——あたかも目を暗闇から光明へ転向させるには，身体の全体といっしょに転向させるのでなければ不可能であったように——魂の全体といっしょに生成流転する世界から一転させて，実在および実在のうち最も光り輝くものを観ることに堪えうるようになるまで，導いて行かなければならないのだ。そして，その最も光り輝くものというのは，われわれの主張では，〈善〉にほかならぬ。そうではないかね？」
　「そうです」
　「それならば」とぼくは言った，「教育とは，まさにその器官を転向させることがどうすればいちばんやさしく，いちばん効果的に達成されるかを考える，向き変えの技術にほかならないということになるだろう。それは，その器官のなかに視力を外から植えつける技術ではなくて，視力ははじめからもっているけれども，ただその向きが正しくなくて，見なければならぬ方向を見ていないから，その点を直すように工夫する技術なのだ」

■『国家』に描かれた哲人教育のカリキュラム

7-18歳	体育，音楽・文芸，数学
18-20	兵役との関連で体育，軍事訓練
20-30	準備教育としての算数，幾何学，天文学，音楽理論
30-35	哲学的対話・問答（選ばれ者に限られる）
35-50	公務に服す
50歳以降	交代で国政をあずかり，哲学研究を行う

Ⅱ　海外の教育：むかしと今

Ⅱ-4　有機的教育観と機械的教育観

　教育的人間観には，人間の内在的要因を重視するか，外在的要因を重視するかによって，大きく分けて二つの立場がある。ドイツの教育学者ボルノー（Bollnow, Otto Friedrich 1903-1991）は，これを有機的教育観と機械的教育観と呼んでいる。有機的教育観においては，植物が育つのと同じように，人間に生得的な本性が認められ，それがそれ自身に固有な法則に従って成長し発達していくと見なされる。素質，個性，潜在能力，才能などを重視する立場は，このような教育観に従っているといえよう。この場合，内在的・本性的な素質が全面的に開花することが求められ，教育はそうした成長を助ける営みとして位置づけられる。ルソー（Rousseau, Jean-Jacques 1712-1778）が消極教育を唱えたように，教育の努力は，成長に必要な条件を整え，不必要な介入をすることなく，成長の障がいとなるものを取り除き，成長を保護することに向けられる。幼稚園の創始者フレーベル（Fröbel, Friedrich Wilhelm August 1782-1852）は，教育者を園芸家にたとえていた。今日ではカール・ロジャーズ（Rogers, Carl 1902-1987）の提唱したクライエント中心療法，学習者中心の教育なども有機的な成長モデルに従っているといえよう。

　一方，機械的教育観では，職人が素材を加工して作品を制作する工芸と同じように，人間は外的な目標に向けて計画的に形成されると見なされる。この場合，教育とは「つくる」ことであり，ヘルバルト教育学では，その目標は倫理学によって，方法は心理学によって与えられるという。今日では主に政治経済的観点から有能な人材をつくりだすことが強調される。機械的教育観では，知識や道徳は外から注入（教化）されると見なされる。その場合，人間の心は，ジョン・ロック（Locke, John 1632-1704）のいうようにタブラ・ラーサ（白板）であり，教育可能であると見なされる。行動主義心理学のいう条件づけや行動修正も，これと同じ立場に立っているといえよう。

　ドイツの教育学者テオドール・リット（Litt, Theodor 1880-1962）は，放任か指導かを論じた重要な著作のなかで，成長に委ねつつも指導を怠らない緊張関係のなかにこそ教育学的知恵があると述べている。

II-4　有機的教育観と機械的教育観

■問い
- 人間はどこまで本性によって決定されるのか。
- 人間の自然な成長過程は明確にとらえられるのか。
- 有機的教育観は，人間の根源的な善性を信頼するものであり，楽観的で，悪の問題を十分にとらえていないのではないか。
- 人間を外部の力によって制作しつくすことは可能なのか。
- 人間を操作し，一定の人材へ向けて制作することは，調教にもたとえられ，倫理的にどこまで認められるものなのか。
- 成長にゆだねるだけで，外からの働きかけがなければ，文化（知識）や社会性（道徳）を身につけることは困難であり，逆に，成長過程を完全に無視した制作も可能ではないと考えられないか。

■リット『**教育の根本問題**』（石原訳，1971, p. 89）
　責任を自覚して指導しながら，自己の根源から成長する生命のもつ権利を決して忘れず――畏敬と寛容の念をもって成長にまかせ放任しながら，教育的行為の意義の根源であるところの義務を決して忘れない――このことが教育学的知恵の究極の結論である。

■森昭『**現代教育学原論**』（1973, p. 53-54）
　教育は「人になる」（すなわち人間生成）と「人にする」（すなわち人間形成）との統一であるといえる。人になる潜在力を実現してゆく子どもの主体性を信頼することなしには，教育の実践はありえないし，他方，この潜在力を子ども自身で実現できるのであれば，外からの働きかけとしての教育は不要になるからである。
　さきにボルノウも指摘したように，従来の教育思想には，教育を植物の「成長」のモデルで考えるものと，芸術の「制作」のモデルとするものとがあるが，両方とも，人間の教育を正しくとらえるモデルとはいえないと思う。人間においては，植物の成長にあたるのは人間生成であり，芸術の制作にあたるのは人間形成なのである。人間の教育は，つねに，人間の生成と形成の統一として把握されなければならない。云いかえるならば，教育は，被教育者の人になる内発的主体性（人間生成）と，彼を人となす教育者の外からの働きかけ（人間形成）との，いわば弁証法的な統一である。

Ⅱ-5 教育の連続的形式と非連続的形式

　ボルノーによれば，有機的教育観と機械的教育観は，自然な成長を見守るにせよ，積極的な制作を試みるにせよ，人間形成が連続的に進行していくことを自明の前提にしているという。それに対し，ボルノーは『実存哲学と教育学』（峰島訳，1966）のなかで「伝統的（古典的）教育学は，連続的事象を扱う教育であった。これをつづめて，連続性の教育学とよぼう。しかし，これにたいして，非連続的事象を扱う教育学の可能性もまた，問題となる」（p. 24-25）と述べ，実存哲学の洞察をもとに「非連続的形式の教育学」を提唱している。人間の生は，その大半が連続的事象で構成されており，その意味では連続性の教育学は重要であるが，人間の生にはときおりその進行を中断するような非連続的な事象が生じる。

　ボルノーが取り上げているのは，危機，覚醒，訓戒，助言，出会い，冒険と挫折といった事象である。これらは予期せぬ形で突発的に生じるものであり，意図的に招き寄せたり，回避したりできるようなものではない。それらは生にある種の強制力をもって介入し，それまでの生を中断し，その結果，新しい始まりをもたらす。これらの非連続的事象に遭遇するとき，人はそこに含まれる意味を深く理解し，それを統合して生を更新しなくてはならない。したがって，非連続的な事象は教育的に重要な意味をもっているが，連続性の教育学によっては，これらの事象を教育のなかに有意味に位置づけることはできず，むしろそれらは非本質的な攪乱と見なされる。しかしながら，非連続的事象に遭遇した人を助け，その人が変容をとげられるように支援することは重要な教育課題である。さもなければ，有意味な生の更新は果たされないかもしれない。

　ボルノーは，非連続的事象を道徳教育と結びつけている。ここで道徳というのは，人間が自分自身に対して，自由意志に基づき，自分の責任において決断をすることができるという意味である。このような自由な道徳的人格は，人間の核心である実存の自覚に根ざしている。そうした核心は，作り出されるものではなく，また内的成長から自然に生じるものでもなく，呼びかけや出会いといった非連続的事象を通して目覚めさせられるものなのである。

II-5　教育の連続的形式と非連続的形式

■ボルノー『**実存哲学と教育学**』(峰島訳，1966)

　人間そのものが，出会いにおいて試験台に立たされる。出会うものの力づよさに面して，人間において真正なるものが，決断される。かかる動揺において人はみずからを検証しなければならない。人は存続しうるか，存続しえないか，いずれかである。かくして，出会いは，人間自身の真正性の吟味である。さらにつきつめていえば，なにかすでに人間のうちに存在する実体が，出会いにおいて確証されるのではなくて，出会いにおいてはじめて，人間がそもそも人間そのものとなるのである。このような人間の究極的な中核──自己とか，あるいはまた実存とかよばれる──は，根本的には，決して〈私〉の孤独のうちには生起せず，つねに出会いのうちにおいてのみ，あらわれる。このように，〈汝〉との出会いにおいてのみ，人間は，自己自身にもたちかえりうる。(p. 161)

　教育者は決して出会いをしつらえることはできない。しかし，かれは，出会いにおいて生起することどもについては心得ていなければならないし，かれの行動において，出会いへと方向をさだめていることはできる。また，かれは，授業にさいして，出会いへとみちびくようにこころみることもできる。つまり，かれは，そこにおいて出会いが生起しうる素材をとりつぐことによって，かかる出会いのための前提条件をつくりだし，かれとしての立場から，生徒たちを偉大な人物に接近させて，感動させるようにしむけることができるのである。(p. 205)

■問い
- あなたの人生のなかで非連続的事象と呼べるものには，どんなものがあっただろうか。詳しく思い出して書きとめてみよう。
- それらをつうじて，どのような変化が生じたであろうか。それらの体験は現在まで，どのような影響を及ぼしているであろうか。

Ⅱ　海外の教育：むかしと今

Ⅱ-6　死と再生の通過儀礼

　人生が非連続性を含んで進展していくということへの深い理解は，古くから存在していた。人生は，終わりと新しい始まりのくり返しである。非連続的な人生の節目は，通過儀礼によって社会的に制度化されてきた。通過儀礼を通じて象徴的な死と再生の体験が起こり，人は新しい段階へと進んでいくことが可能になるのである。

　人類学者のファン・ヘネップ（van Gennep, Arnold 1873－1957）は，出生，加入，結婚，葬式などの通過儀礼を三段階の構造，すなわち「分離の儀礼」（プレリミネール儀礼），「過渡期の儀礼」（リミネール儀礼），「新世界への統合」（ポストリミネール儀礼）から捉えている。宗教学者のエリアーデ（Eliade, Mircea 1907－1986）は，部族社会に見られる大人社会への加入礼（イニシエーション）を，分離，試練，再生の三段階から捉えた。子どもは加入礼を通じて部族の世界観や価値観を教え込まれ，共同体に組み込まれていくことになる。神話学者のジョゼフ・キャンベル（Campbell, Joseph 1904－1987）は，神話的英雄の冒険物語の分析から，出立，イニシエーション（試練），帰還という三段階を示している。このように通過儀礼には，分離，混沌・変容，再統合という段階構造が見られる。

　通過儀礼が形骸化したり消失したりしている現代社会でも，生を自己更新していくというライフサイクルの課題は残されている。とくに大人になること，人生の後半への移行，死に向き合うことは大きな課題である。儀礼が消失したり，儀礼の力が弱まったりしているために，通過儀礼は個人が取り組むべきものになり，むしろ取り組み方の自由度は高まっている。例えば，現代日本のなかでは，遍路や修験道への関心が高まっている。反面，移行に失敗する危険も高く，事故や事件に結びつくことも多い。河合隼雄によれば，現代人も心のなかにイニシエーションの元型が潜んでおり，それは夢のなかに現れることがあるという。心理療法はある意味でイニシエーションを助ける仕事である。学校教育や青少年の教育，成人教育においても，通過儀礼やイニシエーションによる人間の変容を支援する取り組みが求められている。

Ⅱ-6　死と再生の通過儀礼

■スウェット・ロッジ

　アメリカ先住民の伝統にはヴィジョン・クエストやスウェット・ロッジといった儀礼があり，今日でも行われている。ヴィジョン・クエストは，人生の節目に際し，聖地のなかに独りで入っていき，一定の場所で寝食を絶って四日間ほど過ごし，ヴィジョンを得るというものである。スウェット・ロッジはもっと頻繁に癒しや浄化のために行われる。スウェット・ロッジでは，子宮を意味するドーム状のテントを作るが，そのなかは真っ暗である。ロッジの外で石を真っ赤になるまで焼き，それをロッジのなかに入れ，水をふりかけて蒸気を出す。ロッジのなかはすぐに百度くらいの温度になる。そのなかでリーダーに従って歌ったり祈ったり，話したり，パイプを回したりする儀式が進んでいく。スウェット・ロッジの癒しの力は強く，心やスピリットにも深く浸透するものである。スウェット・ロッジは死と再生の儀式であり，子宮であるロッジのなかで人は胎児に戻り，石，大地，水，火，空気といった自然の力とひとつになり，新たな生命を得て生まれ変わる。

　日本では，ラコタ族のメディスンマンから直接教えを受け，マザーアース・エデュケーションを主宰している松木正が，学校教育にもかかわって通過儀礼の取り組みを行っている。

図Ⅱ-1　スウェット・ロッジ

II-7　文化伝達ということ

　生物学者のポルトマン（Portman, Adolf 1897-1982）によると，人間は他の動物に比べて生理的早産であり，外部からの助けを得て成長していくという。これは発育の助け，養育としての教育である。しかし，人間は生物学的成長だけで終わることなく，それに加えて文化を習得し，文化的世界のなかに生きることになる。人間は自然と文化の両方の世界に生きているのである。

　人間は生物としては特殊化されておらず，ゲーレン（Gehlen, Arnold 1904-1976）のいう「欠陥存在」であるにもかかわらず，その欠損を補うために文化的世界をつくりだす。カッシーラー（Cassirer, Ernst 1874-1945）は，ユクスキュル（von Uexküll, Jakob 1864-1944）のいう動物の環境世界に加えて，人間にはシンボル・システムがあるという。言語哲学者の丸山圭三郎は，動物の「身分け構造」に加えて，人間には「言分け構造」があり，シンボル化能力を用いて言語的意味世界を分節化するという。

　これまでに人間がつくだしたものすべて，言語，道具，制度，宗教，道徳，技術，学問などが文化である（精神科学的教育学では，こうした文化を「客観的精神」と呼ぶ）。文化は人間に与えられた素質から自然に成長してくるものではなく，世代を通じて伝達される必要がある。したがって，教育とは，古い世代から新しい世代へと文化財を伝達することである。これは言語や日常の道具の習得から，学校における意図的な文化伝達，仕事の技能習得（徒弟制などの学習形態は「正統的周辺参加」と呼ばれる）などにまで及んでいる。

　知識は物のように受け渡して，所有することはできない。知識を習得するには，その意味連関を理解しなくてはならない。そうすることで人は文化を本当に身につけることができる。文化を組織的，体系的に教える技術が教授学である。ボルノーは「教授法は，文化的な存在としての人間の本質に，必然的に結びついている。文化の伝達のない文化はなく，教授法のない文化の伝達はない」（『哲学的教育学』浜田訳, p.28）という。しかし一方で，社会学者のブルデュー（Bourdieu, Pierre 1930-2002）の言うように，教育的働きかけは，文化的恣意を押しつける「象徴的暴力」にほかならないという側面もある。

Ⅱ-7　文化伝達ということ

■カント『**教育学講義他**』（勝田・伊勢訳，1971, p. 12）
　人間とは教育されねばならない唯一の被造物であります。

■ゲーレン『**人間学の探究**』（亀井・滝浦他訳，1970, p. 142-143）
　人間は，器質的には「欠陥生物」（ヘルダー）である。人間は，どんな自然的環境のなかでもそのままでは生存不能なものであろう。だからこそ，人間は，第二の自然，すなわち技術的に加工され適合的にされた代償世界——人間のそれほど役に立たない器官的装備をも受け入れるような世界——をまず作り出さなければならないのであり，しかも人間は，彼のいるあらゆる場所で，現にこのことをおこなっているのである。人間は，いわば技術的に解毒され，手ごろにされ，人間によって生存に役立つように変えられた自然のなかで生きているのであり，その自然こそまさに文化領域にほかならないのである。

■カッシーラー『**人間**』（宮城訳，1997, p. 63-64）
　人間世界を記述し，これを特徴づけるために，ユクスキュルによって提唱された型式を利用することが可能であろうか。人間世界が，あらゆる他の生物の生命を支配する生物学的法則に例外をなすものでないことは明らかである。しかし，人間世界においては，人間的生命の独得の性質を示す新しい特徴が見出される。人間の機能的円環は，量的に拡大されるばかりでなく，質的変化をも受けてきている。人間は，いわば自己を，その環境に適応させる新たな方法を発見した。あらゆる動物の「種」に見出されるはずの感受系と反応系の間に，人間においては，シンボリック・システム（象徴系）として記載されうる第三の連結を見出すのである。この，新たな機能の獲得は，人間の全生命を変形させる。他の動物に比べて，人間はただ広さの広い実在のうちに生きているだけではない。人間はいわば新次元の実在中に生きているのである。

II-8　近代教育学の創始者コメニウス

　文化を教授することに関して，17世紀に壮大な教授理論を確立したのがヨハン・アモス・コメニウス（Comenius, Johannes Amos 本名＝ヤン・アモス・コメンスキー　1592-1670）である。コメニウスはボヘミアのモラヴィア出身で，チェコ兄弟教団の高位聖職者であったが，30年戦争の戦渦のなかで亡命生活を余儀なくされた。波乱に満ちた人生のなかでコメニウスは，祖国チェコの独立と世界平和を求めて活動するとともに，その手段として教育に期待をかけ，教授法と百科全書的知識体系である「汎知学」の構築に生涯を費やした。

　コメニウスの主著『大教授学』(1657)は，「あらゆる人に，あらゆる事柄を教授する普遍的な技法を提示する大教授学」と題されているように，全世界の事物を体系的に提示し，事物の秩序，宇宙における人間の位置と使命を人間に自覚させるものとして構想されている。教授学と呼ばれているが，それは単に教育の方法論を述べたものではなく，人間のスピリチュアルな本質と究極の目的を示したうえで，学校教育が自然の秩序に即して行われなくてはならないということを述べた壮大な内容になっている。

　コメニウスは，一部のエリートだけでなく民衆を含めたすべての人を対象とする国民教育の必要性を唱え，母親学校（家庭教育），母国語学校（6～12歳），ラテン語学校（12～18歳），大学（18～24歳）という学校区分を提唱した。また学年ごとに教科書，授業時間，内容，方法を定めることを提案した。そこでは，汎知学に体系化されたあらゆる事柄が教授されることになる。コメニウスは，彼の理念を実現するものとして「汎知学校」を構想していた。またコメニウスは，世界で最初の絵入り教科書である『世界図絵』(1658)を作成したことでも知られている。

　教授法は『大教授学』のなかでは「簡単に，愉快に，堅実に」とまとめられている。すなわち，実用的な見地から余計なものは排除して教材を選び，平易なものから複雑なものへと教材を整序して，単一の教育課程が編成される。そして学習者の興味を喚起し，見通しをもたせ，実物を示して感覚的・直観的に理解できるようにするのである。

Ⅱ-8　近代教育学の創始者コメニウス

■コメニウス『**大教授学**』1（鈴木訳，1969，p.69　一部改訂）
　哲人たちは，人間を小宇宙と呼びました。……つまり人間は，大宇宙があまねく拡げてみせるものをことごとくうちに秘めている・宇宙の集約なのです。ですから，世界の中に足を踏み入れる人間の精神は，植物の種子あるいは果実の芯にたとえるのがいちばん適当でありましょう。……ですから，人間にはなに一つ外部から持ち込む必要はありません。自分の中に秘められていたものが，蔽いをはがれ，繰りひろげられ，一つ一つのものがその姿を明らかにされるだけでよいのです。

2
世界

113
勇気

天は火，つまり星をもっています。
雲は上空にただよっています。
鳥が雲の下を飛んでいます。
魚が水中を泳いでいます。
大地には**山**，**森**，**畑**があり，**動物**，**人間**がいます。
　このように世界という大きな身体は四つの**要素**から成り，居住者で満ちています。

勇気は逆境の中で**ライオン**のように勇敢で大胆です。しかし幸福な時でも**傲慢**［ごうまん］ではありません。
　すべてのものにおいて不変の，しっかりした**支柱**に身を支え，どちらの境遇にも等しい心で耐える準備ができています。
　寛容という**盾**［たて］で**不幸**の攻撃を防ぎ，
　そして**勇気**という**剣**で**心の平静**の敵，すなわち**欲情**を追い払います。

図Ⅱ-2　コメニウス『世界図絵』から
（出典：コメニウス，J. A. 井ノ口淳三訳『世界図絵』ミネルヴァ書房，1988，p.12，p.125）

II-9 ルソー，ペスタロッチ，フレーベル

　西洋の教育史を通じてもっとも有名な書『エミール』（1762）のなかで，ルソーは，子どもを尊重し，子どもの発達に即した教育を描きだしたことで，「子どもの発見」をしたといわれる。それまでの教育は，子どもを小さな大人扱いしていたのである。ルソーは，子どもの自然を優先し，「自然の教育」（能力や器官の内部的発達）を軸に，「事物の教育」（外的自然の経験と影響）と「人間の教育」（意図的・無意図的な人間による教育）から成る三重の教育を描いている。ルソーは，大人による不必要な介入を批判し，子どもが事物の経験を通して学ぶことを重視した。この意味で，それは消極教育と呼ばれる。

　ルソーの考えを実践に移したのは，スイス生まれの偉大な教育家ペスタロッチ（Pestalozzi, Johann Heinrich 1746-1827）である。彼はノイホーフやシュタンツの孤児院で子どもの教育に尽力し，有名な『隠者の夕暮』（1780）を残している。ペスタロッチは徹底して，自然（本性）に合致した教育を強調し，人間は自然的状態（自然の作品）から，社会的状態（社会の作品）をへて，道徳的状態（彼自身の作品）へと発達していくとした。また「心」と「頭」と「手」の能力が，心を中心にして調和的に発達することを求めた。ペスタロッチは教育実践に力を入れ，その方法原理（メトーデ）を打ち立て，子どもの内部からの発達を強調した「自発性」の原理，基本的なものから複雑なものへと進む「連続性」の原理，実物の直観から概念に進む「直観」の原理などを提唱した。

　ドイツのロマン主義的教育者フレーベルは，ペスタロッチの影響を受け，『人間の教育』（1826）に代表される教育思想を展開し，晩年には「一般ドイツ幼稚園」の創設を試みたことで知られる。フレーベルの教育思想は神秘主義的であり，すべてのものに神的なものが内在しており，教育は，人間のなかの神的なものが自然に展開し表現されることを目的にするとされた。フレーベルは「球体法則」の理論を唱え，後には球体を中心とする「恩物」という遊具——第一恩物（六つの柔らかいボール），第二恩物（木製の球，円筒，立方体）他——を考案した。

II-9　ルソー，ペスタロッチ，フレーベル

■ルソー『エミール』上．（今野訳，1962，p.24-25）
　わたしたちは弱い者として生まれる。わたしたちには力が必要だ。わたしたちはなにももたずに生まれる。わたしたちには助けが必要だ。わたしたちは分別をもたずに生まれる。わたしたちには判断力が必要だ。生まれたときにわたしたちがもってなかったもので，大人になって必要となるものは，すべて教育によってあたえられる。
　この教育は，自然か人間か事物によってあたえられる。わたしたちの能力と器官の内部的発展は自然の教育である。この発展をいかに利用すべきかを教えるのは人間の教育である。わたしたちを刺激する事物についてわたしたち自身の経験が獲得するのは事物の教育である。
　だからわたしたちはみな，三種類の先生によって教育される。これらの先生のそれぞれの教えがたがいに矛盾しているばあいには，弟子は悪い教育をうける。そして，けっして調和のとれた人になれない。それらの教えが一致して同じ目的にむかっているばあいにだけ，弟子はその目標どおりに教育され，一貫した人生を送ることができる。こういう人だけが教育をうけたことになる。

■ペスタロッチ『隠者の夕暮・シュタンツだより』（長田訳，1993）
一　玉座の上にあっても木の葉の屋根の蔭に住まっても同じ人間，その本質からみた人間，一体彼は何であるか。(p.7)
二〇　生活の立脚点よ，人間の個人的使命よ，汝は自然の書で，汝のうちには自然というこの賢明な指導者の力と秩序とが横たわっている。そして人間陶冶のこの基礎の上に築かれていない学校陶冶はすべて指導を誤ることになる。(p.11)

■フレーベル『人間の教育』上（荒井訳，1964，p.15）
　教育は，人間が，自己自身に関して，また自己自身において，自己を明確に認識し，自然と和し，神とひとつになるように，人間を導くべきであり，またそうでなければならない。それゆえ，教育は，人間をして，自己自身および人間を認識せしめ，さらに神および自然を認識せしめ，そしてかかる認識に基づいて，純粋神聖な生命を実現せしめるように，人間を高めなければならない。

II-10　ヘルバルトの系統的な教授法

　文化伝達の必要から教授法が発達したが，それにはさまざまな立場が見られる。伝達する知識を重視すると，教科書中心や教師中心の立場が生じ，生徒集団に対する一斉授業の形式が採用される。ここでは生徒は受動的存在であり，所定の知識が与えられることになる。こうした教授法はヘルバルト学派の教授段階論によって体系化され，19世紀後半の欧米の学校教育だけでなく，明治期以降，日本の教育でも中心的な位置を占めた。

　カント（Kant, Immanuel 1724–1804）の講座を受け継いだドイツの哲学者・教育学者ヘルバルト（Herbart, Johann Friedrich 1776–1841）は，「直観から概念へ」という教授段階を示したペスタロッチの影響を受け，『一般教育学』（1806）のなかで，子どもの心の働きに即した教授段階を示した。ヘルバルトは，心が何かに没頭することを「専心」と呼び，個々の専心を内省して振り返ることを「致思」と呼んだ。この二つの働きはさらに細分化され，静止的専心は，個々のものを「明瞭」に見ることであり，専心のもう一つは，個々の専心で得られる表象を「連合」することである。また静止的致思は，多くのものを大きな関係のなかに置いて見て「系統」づけることであり，致思のもう一つは，系統を発展させて応用する「方法」である。そして，明瞭，連合，系統，方法は，教授においては順に起こるべきものとされる。ヘルバルトは，教授の原則に関して「すべての個々のものの明瞭，多くのものの連合，連合されたものの整序及びこの秩序を通して前進する一定の練習，これらを連続して一様に配慮することである」（三枝訳，1980，p.89）と述べている。その後，ヘルバルト学派によって，この教授段階論は，分析，総合，連合，系統，方法という五段階や，予備，提示，比較，総括，応用という五段階にまとめられた。

　このようにして，教えられる内容を子どもの思考プロセスに合わせる教授法が考案されたのである。広田照幸によれば，ヘルバルト主義は，すべての子どもの教育可能性を見出した点で平等思想を広めることに貢献したが，その一方で，子どもの自主性や多様性は考慮されておらず，子どもを理念的に捉えたため，機械的で画一的な教え込む活動をもたらすことになったと指摘している。

II-10 ヘルバルトの系統的な教授法

■タクト論

　鈴木晶子によれば，ヘルバルトは教育活動の本質として，カントからタクト論を引き出したという。タクトとはラテン語のタクトゥスから派生した語で，接触，接触に伴う感覚や感情を意味し，その後，音楽のなかで拍子や指揮棒を意味するようになり，また日常生活における如才ない交際術を意味するようになった。ヘルバルトは，タクトが言語化，法則化できない直観的実践知であり，それゆえ教育の技術ではないが，それこそが教育活動の本質をなすとした。

　　タクトは生徒の状態を見極め，何を必要としているかを判断し，適切なやり方で生徒に働きかける術を教師に知らせるものであり，教育活動に不可欠なものであった。教育的判断や決断をなすタクト——。ヘルバルトのいう「教育的タクト」は，教育活動における生徒の一瞬ごとの状態を，その教育活動ばかりか，生徒の成長過程全体のなかに位置づける働きをなすという。タクトはいわば，教育に必要とされる一連の様々な術を統括して働くような術のなかの術，彼の言い方でいうと「教育術の最高の宝石」なのである。
　　ヘルバルトはこのタクトの錬磨を教師教育の核とし，その方法を考案した。彼によると，タクトは一方で術としての性格をもつと同時に，他方で判断力としての性格を併せ持っているという。術としての判断力。これこそ，技能と実践，そし理論とを結びつける核となるものである。教育術としてのタクトはまず，理論を学び，実践への準備作業を通して教育的心術（Sinnesart）を高め自己吟味を行うという，実践に臨む前のイメージトレーニングにおいて働く。次に，一回ごとの実践を終えた後の反省と分析にも働く。タクトはこうして，実践のなかでそれを用いることを通して磨かれていくというのである。(鈴木, 2006, p. 55-56)

79

II-11　デューイの問題解決学習

　19世紀末から20世紀初頭にかけて教授法の新しい潮流が登場した。それは新教育運動，児童中心教育，進歩主義教育などと呼ばれるもので，画一的内容を機械的に教える伝統的教育を批判し，個々の子どもの興味・関心に基づく自主的で積極的な学習活動を重視した。1900年にスウェーデンのエレン・ケイ（Key, Ellen 1849-1926）は『児童の世紀』を刊行し，児童中心の教育を提唱した。1921年には，イギリスの視学官ベアトリス・エンソア（Ensor, Beatrice 1885-1974）等によって新教育連盟が設立された。児童中心の新教育は世界各地に広がり，日本でも大正自由教育のなかで盛り上がりをみせた。また進歩主義教育は日本の戦後教育のなかで最初に導入された。

　この潮流の最大の理論家はアメリカの哲学者ジョン・デューイ（Dewey, John 1859-1952）である。デューイはプラグマティズムを大成した思想家であり，経験から遊離した観念的な知を批判し，人間の経験のなかに働く思考活動を重視して，経験学習を教育活動の中核に据えようとした。実際の経験のなかで何か問題や混乱が起こると，それに対処するために，生徒は問題を吟味し，仮説的な解決策を思いつき，それを実際に適用してみて問題の解決が図られる。このように反省的思考を活性化するような「問題解決学習」が主要な教授方法とされた。デューイは，学校と社会生活とのあいだの垣根を取り払い，シカゴ大学付属実験室学校で試みられたように，社会生活が学校の授業のなかに導入された。反省的思考では，問題解決のための仮説が立てられ検証される。したがって，問題解決学習は科学的な思考法を養うことにもつながる。ただし，問題解決学習では新たな知を創造的に生みだすことが目指されるため，既存の体系的な知を伝達するという点では不十分な面がある。

　デューイの問題解決学習は今日まで有力な方法として影響を及ぼしている。探究学習やプロジェクト学習は多くの学校で行われており，また反省的思考のサイクルに基づく経験学習の理論は，環境教育をはじめ，さまざまな教育分野に取り入れられている。成人教育でも，デューイの考えは，メジロー（Mezirow, Jack 1927-）の変容的学習論などのなかに取り入れられている。

Ⅱ-11　デューイの問題解決学習

■デューイ『学校と社会』(宮原訳，1957, p. 44-45)
　私は旧教育の類型的な諸点，すなわち，旧教育は子どもたちの態度を受動的にすること，子どもたちを機械的に集団化すること，カリキュラムと教育方法が画一的であることをあきらかにするために，いくぶん誇張して述べてきたかもしれない。旧教育は，これを要約すれば，重力の中心が子どもたち以外にあるという一語につきる。重力の中心が，教師・教科書，その他どこであろうとよいが，とにかく子ども自身の直接の本能と活動以外のところにある。それでゆくなら，子どもの生活はあまり問題にはならない。子どもの学習については多くのことが語られるかもしれない。しかし，学校はそこで子どもが生活する場所ではない。いまやわれわれの教育に到来しつつある変革は，重力の中心の移動である。それはコペルニクスによって天体の中心が地球から太陽に移されたときと同様の変革であり革命である。このたびは子どもが太陽となり，その周囲を教育の諸々のいとなみが回転する。子どもが中心であり，この中心のまわりに諸々のいとなみが組織される。

図Ⅱ-3　トロント大学エリック・ジャクソン子ども研究所付属実験室学校
▶北米に残る数少ない実験室学校の一つ。現在も探究学習をカリキュラムの中核に据えている。

II-12　シュタイナー教育

　子どもの発達に即して文化伝達を行うという課題は，ルドルフ・シュタイナーの人間学（人智学）のなかで深く追求された。シュタイナーは，独自の神秘思想に基づいて人間の構造と発達を詳細に描き出しているにとどまらず，それに即したカリキュラムと教授法を具体的に考案しており，そうした理念と方法に基づいてシュタイナー学校が運営されているという点で注目すべき思想家である。シュタイナーの教育論は一見すると特異なものに見えるが，実際には古代ギリシアに始まる西洋教育の良き伝統を踏まえているように思われる。シュタイナーの教授法は「教育芸術」と呼ばれており，教育に芸術活動が浸透しているだけでなく，教育を芸術として位置づけている点に特徴がある。

　シュタイナーの世界観・人間観では，マクロコスモス（世界）とミクロコスモス（人間）とが照応関係にある。世界は物質界，生命界，精神界（英知界）の三層で構成されており，これに対応して人間は肉体，魂・心（Seele, soul），霊・精神（Geist, spirit）の三層で構成されている。人間は物質と霊・精神とが組み合わさった存在であり，両者に規定されて魂・心（認知，感情など）の働きがある。肉体はさらに物質と生命力に分けられ，後者は神秘思想の用語でエーテル体と呼ばれる。

　シュタイナーは，人間には四つの体があるとし，それが一連の発達段階を成しているという。人間の発達は，肉体，エーテル体の順で進み，魂・心の働きである感情や知性（アストラル体）をへて，霊・精神レベルの自我の段階へと至る。これら四つの体の発達は七年周期で起こるとされ，肉体の誕生の後，歯のはえかわる7歳頃にエーテル体が誕生し，第二次性徴の起こる14歳頃にアストラル体が誕生し，青年期（21歳頃）には自我の目覚めが起こる。カリキュラムの面では，7歳までは感覚的模倣の時期にあたり，身体活動や空想が重視され，7歳から14歳までは芸術を通した感情の育成が重視され，14歳以降は論理的思考力と社会性の形成が重視される。さらに21歳頃の自我の芽生えによって，人間は精神の自由に目覚める。それゆえシュタイナー教育は「自由への教育」と呼ばれている。

II-12　シュタイナー教育

図II-4　トロント・シュタイナー学校

■ルドルフ・シュタイナーは1861年オーストリア生まれの神秘思想家である。ウィーン工科大学で学び，その後，哲学研究で博士号を取得した。ゲーテ文庫に勤務した後，ベルリン労働者学校講師をへて，人智学協会を設立した。協会本部はスイスのドルナッハにある。生涯で約6,000回に及ぶ講演は354巻の全集にまとめられている。シュタイナーの人智学は，教育，治療教育（障害児教育），医学，建築，芸術，農業，経済など多方面に及び，それらの社会実践は世界に広がっている。1919年，シュトゥットガルトのヴァルドルフ・アストリア煙草工場のなかに最初のシュタイナー学校（自由ヴァルドルフ学校）がつくられた。シュタイナー学校には，エポック授業，教科書がなくエポック・ノートを作成すること，八年間担任制，点数評価がないこと，編み物や工作など手作業の重視，オイリュトミーという舞踊芸術，校長がいないことなど，多くの特色がある。シュタイナー教育は世界中で1500校を超えるほどにまで広がっており，日本にも1970年代以降紹介され，現在では8校の学校が存在している。

■シュタイナー『**教育の基礎としての一般人間学**』（高橋訳，1989）
　ここにも一人の子どもがいる。この子どもも全宇宙と結びついている。教育する私は一人ひとりの成長しつつある子どもの中で，全宇宙にとっても意味のある事柄と関わっている。教育者として働く時，私は全宇宙にとって意味のある事柄を行なっている。(p.165-166)

　教育は科学であってはなりません。それは芸術でなければならないのです。絶えず感情の中に生きるのでなければ，どんな芸術も習得できません。けれども教育の中に生かすべき感情は，教育という偉大な人生芸術の中に生かすべき感情は，大宇宙を考察し，大宇宙と人間との関連を考察する時にのみ，燃え上がることができるのです。(p.166)

II-13 モンテッソーリ教育

マリア・モンテッソーリ（Montessori, Maria 1870－1952）はイタリア初の女性医学博士であり，精神病や神経症の治療や研究をへて，知的障がいの子どもの治療と教育にかかわるようになった。科学者であったため，医学，生理学，人類学などの科学的知見や科学的観察を踏まえ，子どもの感覚に訴えて活動を引き起こすような多くの教具を考案した。知的障がいの子どもの教育が成功したことを受け，モンテッソーリは，1907年ローマのスラム街につくられた「子どもの家」で，その方法を健常児にも適用することになった。そこで子どもたちは教具に興味を示し，精神集中を伴う活動に自発的に取り組み，読み書きのできる規律ある子どもへと変化した。モンテッソーリ教育の特徴は，個人の自由な活動に根ざし，人間の可能性を開花させる感覚教育である。こうした成功を踏まえ，モンテッソーリの幼児教育は拡大していき，世界的な影響力をもつに至った。モンテッソーリはその後，スペイン（バルセロナ），オランダ（アムステルダム），インド，そしてオランダと活動拠点を移し，科学のみでなく宗教や世界平和にも深い関心を寄せ，ホリスティックな教育論を展開した。主著の一つ『幼児の秘密』（1938）では，「精神的胎児」という概念で，人間のスピリチュアルな本性が乳児期にも存在していると指摘している。

1939年，南インド，チェンナイ近郊のアディヤールに本部を置く神智学協会の招きで，モンテッソーリはインドへと赴いたが，第二次世界大戦のため，その地に七年間とどまった。モンテッソーリ教育は，神智学協会会長のアニー・ベサント（Besant, Annie 1947－1933）や，ノーベル賞詩人のラビンドラナート・タゴール（Tagore, Rabindranath 1861－1941）によって高く評価され，インドで大きく広がることになった。インドにおける教員養成講座は，後に理論的主著『吸収する心』（1949）にまとめられている。

後年，モンテッソーリは生命思想を深め，宇宙進化を主題にした「コスミック教育」を提唱した。それは，宇宙の創造や，鉱物，植物，動物，人間へと連なる生命進化の歴史を教え，進化における人間の位置を理解できるようにするものであった。

図Ⅱ-5　インド，アディヤールにある神智学協会本部
▶モンテッソーリは，ここで講義をした。

■モンテッソーリ『幼児の秘密』（鼓訳，1969，p.47-48）
　わたしに一つの印象深い魂のビジョンが浮かびます。それは暗い所に閉じこもっている魂が，明るみに出よう，生まれよう，成長しようともがいて，その怠惰な肉体を自分の意志が活気づけ，ついに大変な努力で生まれ出て来ました。ところがそこに，自分と違う他の生き物がいて，それはものすごい力ですぐにその魂をつかんでほとんど押しつぶします——それはおとなです。……
　肉体化した子は，精神上はまだ胎児です。それは周囲の世界の負担で生きねばなりません。肉体的胎児が母胎という特別な環境を必要としたように，精神的胎児も愛情で暖められ，栄養豊かな活きた環境の保護が必要です。その中では，すべてがその発育を促し，それを妨げる何物もないように整っていなければなりません。

■モンテッソーリ『人間の可能性を伸ばすために』（田中訳，1992，p.9）
　宇宙についての観念が正しい方法で子どもに示されるならば，それは子どもにとってまさに興味を喚起すること以上の意味をもつでしょう。というのは，それは，子どもの中にどんな興味よりも高遠でより心を満たす感情である感嘆と驚きをつくりだすからです。そうなれば，子どもの精神はもはやさまようことをやめて，落ち着き，働き始めます。そして，彼が獲得する知識は，組織化され，体系的なものとなります。つまり，彼の知性は，示されてきた統一体系の観念によって，全体的で完全なものとなります。そして，あらゆるものが，彼の精神が集中する宇宙の中で結びつき，位置づいていることによって，興味はあらゆるものへと広がります。

II-14　オルタナティブ教育

　20世紀の教育は，伝統的な学校教育の枠組みを越えて，オルタナティブな形態を生みだした。思想家のイリイチ（Illich, Ivan 1926-2002）は，社会の脱学校化を唱えたことで知られている。彼は，教育が学校によって制度化され，学校へ行くことが教育と同一視されるようになった現代社会の問題点を指摘し，社会を脱学校化することを求めた。

　学校という形態はとりつつも，世界各地のオルタナティブ・スクールでは，通常の公教育とは異なり，カリキュラムや学校運営において独自の特色が見られる。親や教師たちが草の根的にオルタナティブ・スクールをつくって運営している場合が多い。いわゆるフリースクールでは，個々の子どもが自主的に学習内容を決めることを含めて自由度が高く，学校運営も教師と子どもが一緒になって民主的な自治が行われることが多い。有名なところとして，イギリスには著名な教育家ニイル（Neill, Alexander Sutherland 1883-1973）が創設したサマーヒル，アメリカにはサドベリー・バレー・スクールなどがある。またデンマークのフォルケフォイスコーレのように長い伝統をもつものもあり，シュタイナーやモンテッソーリなどの学校も，オルタナティブ教育に含まれる。アメリカやカナダでは公立学校でもオルタナティブ教育が行われている学校があり，独自のカリキュラムが組まれている。

　また現在ではホームスクーリングも広がっている。これは親や地域の人たちがカリキュラムをつくり，子どもの教育にあたるというもので，多様な形態がある。ホームスクーラーたちは情報交換や共同の活動をしたりして，子どもたちに多様な学習機会を提供している。

　批判教育のなかでは，教育がもたらしている非人間化の抑圧構造を解明するとともに，抑圧構造からの解放をめざす教育活動が展開されている。有名なものは，パウロ・フレイレ（Freire, Paulo 1921-1997）がブラジルで実践した解放教育である。そこでは被抑圧者の識字教育を通じて社会的現実を批判的に意識化する力が養われた。日本でも，これによく似た運動が生活綴り方教育として展開されたことがある。

II-14　オルタナティブ教育

■イリッチ『**脱学校の社会**』（東・小澤，1977，p. 32）
　学校教育の基礎にあるもう一つの重要な幻想は，学習のほとんどが教えられたことの結果だとすることである。たしかに，教えること（teaching）はある環境のもとで，ある種類の学習には役立つかもしれない。しかしたいていの人々は，知識の大部分を学校の外で身につけるのである。

■ニイル『**人間育成の基礎**』（霜田，1971，p. 5）
　ともかくわれわれは，学校が子どもらにとって自由の生活の場であるようにと心がけてきた。そのためにわれわれは，すべての訓練，すべての指図，すべての注意，すべての道徳，すべての宗教教育を捨てなければならなかった。われわれは勇敢であると言われた。しかしそれは勇気を要することではなかった。それは何でもないことであった。最も必要なことは，子どもは善良であり，子どもは悪なるものではない，という完全な信念を持つことであった。

■フレイレ『**被抑圧者の教育学**』（小沢・楠原・柿沼・伊藤訳，1979）
○銀行型教育
　教育は，一方的語りかけという病に陥っている。……
　一方的語りかけ……は，生徒を語りかけられる内容の機械的な暗記者にする。さらに悪いことに，かれらはそれによって容器，つまり，教師によって満たされるべき入れ物に変えられてしまう。
　入れ物をいっぱいに満たせば満たすほど，それだけかれは良い教師である。入れ物の方は従順に満たされていればいるほど，それだけかれらは良い生徒である。
　教育はこうして，預金行為となる。そこでは，生徒が金庫で教師が預金者である。（p. 65-66）

○課題提起教育
　解放に真にかかわる人びとは，銀行型概念を完全に否定し，それにかえて意識的存在としての人間と，世界に向けられた意識としての意識の概念を採用しなければならない。かれらは，預金をするという教育目標を捨てて，それにかえて世界との関係にある人間の課題を設定しなければならない。（p. 80）

II-15　ホリスティック教育

　ホリスティック教育は1980年代の後半以降，おもに北米を中心に発展し，今日では世界各地に広まっている。それは現代の教育が機械論的，物質主義的であることを批判し，アメリカの超越主義，エコロジー思想，東洋思想，人間性・トランスパーソナル心理学，永遠の哲学などを取り入れて，人間と世界の全体性の回復を求めている。ホリスティックな見方では，現実は，あらゆるものが相互につながりあう全体である。またホリスティック教育は，エコロジカルでスピリチュアルな観点を取り入れているのが特徴的である。

　代表的理論家であるトロント大学のジョン・ミラー（Miller, John 1943－）は，近年「ホールチャイルド教育」を唱えている。「ホールチャイルド」というのは，身体，感情，精神，魂・スピリットを含む全体，すなわち，身体的・感情的・認知的な面に加えスピリチュアルな面を含む全体を指している。また，人間は多様なつながりのなかで生きており，「ホールカリキュラム」は，六つのつながりに焦点を合わせ，地球とのつながり，教科のつながり，思考と直観のつながり，コミュニティのつながり，身心のつながり，魂とのつながりを生みだそうとする。

　さらに「ホールティーチング」は，伝統的な教師中心の教育スタイルである「伝達」（トランスミッション）や，経験学習，問題解決学習，探究活動，対話を含む「交流」（トランスアクション）に加えて，「変容」（トランスフォーメーション）の立場を重視している。変容の立場は以下のように定式化される。

　①現実は相互につながりあっており，宇宙には統一性がある。②宇宙の統一性と，個人の内的自己は結びついている。③この統一性を知るには，さまざまな観想的実践を行うことが大切である。④価値は，現実のつながりを理解し実現するなかで生まれる。⑤つながりが実現されるとき，不正や人間の苦難に立ち向かう社会的行動が生まれる。

　変容のための教育活動として，魂の教育，マインドフルネス，瞑想，身心技法，イメージ法，儀礼，物語，ジャーナル法，アートなどが用いられる。

II-15　ホリスティック教育

図II-6　エクイノックス校の授業風景

■エクイノックス校のホリスティック教育
　カナダ，トロント市では以前から一部の学校がオルタナティブ校として開設されているが，2009年に世界初のホリスティック教育実践校としてエクイノックス・ホリスティック・オルタナティブ校が創設された。エクイノックス校では，ミラーの提唱するホールチャイルド教育を実践している。エクイノックス校の最大の特色は，ほぼ毎日のようにアウトドアで活動する時間をとっていることである。また生徒たちは毎週のように校外に出て行き，市内の各所を自然観察などの教材として活用している。この学校では環境学習を重視した多様な探究活動が取り入れられているが，「変容」にかかわる活動として，シュタイナー教育も取り入れつつ，芸術，物語，気づき，瞑想，マインドフルネス，ヨーガ，儀式，魂の教育などが行われている。
　エクイノックス校では「ホリスティックな統合的プロジェクト・アプローチ」というテーマ学習が中心に置かれている。テーマとして選ばれたものには，1～2年生「ポンド（池，湿地）プロジェクト」，「世界の物語」，「地域マッピング」，「算数の旅」，「真夏の夜の夢プロジェクト」（演劇），3年生「初期定住者プロジェクト」，「世界の創世神話」，「庭づくり・畑づくりプロジェクト」，「建物プロジェクト」，4年生「サケに敬意を」，5年生「計測オリンピック」，6年生「生態系マッピング」，「学年末トリップ」などがある。

Ⅱ　海外の教育：むかしと今

Ⅱ-16　ハクスレーの「両生類の教育」

　オルダス・ハクスレー（Huxley, Aldous 1894 – 1963）は20世紀を代表する作家・知識人の一人であるが，彼の残した教育論は今日においても重要である。ハクスレーはイギリスの名門に生まれ，作家の道に進み，40歳代にカリフォルニアに移住し，晩年には西海岸に起こったヒューマン・ポテンシャル運動に大きな影響を与えた。視力に問題のあったハクスレーは健康や心身問題に深い関心を寄せ，ベイツ式視力訓練やアレクサンダー・テクニークのような身体技法を終生続けた。また最新の心理療法にも詳しく，さらには古今東西のスピリチュアリティの伝統に通じていた。ハクスレーは卓越した知識と探究心によって，さまざまな方法のあいだに橋をかけながら，人間の潜在的可能性を実現する方法を追求した。

　ハクスレーはその教育論を「非言語的人文教育」と呼んでいる。彼は人間を両生類になぞらえ，人間は言語的世界と非言語的経験の世界の両方に住んでいるという。しかし，従来の教育は言語的教育に偏っており，非言語的な直接経験を無視している。そこでハクスレーは，非言語的人文教育を提唱し，運動感覚の訓練，知覚の訓練，イメージ法，感情表現，意味論，瞑想などをそれに含めた。非言語的人文教育には，人間の身体・感情・精神・スピリットの全域にわたるアプローチがふくまれている。

　ハクスレーによれば，人間は意識的自己と無意識的「非自己」からなる重層的存在である。無意識的非自己の浅いレベルには，習慣や条件づけ，抑圧された衝動，幼児期の心理的外傷などからなる個人的潜在意識があり，意識的自己とこの潜在意識が病理を含めて，さまざまな人格特性を生みだす。

　さらに深い非自己としては，体の成長や機能をつかさどる植物魂，洞察の源となる叡知的非自己，元型的非自己，神秘的非自己，そして根底には普遍的非自己がある。非言語的人文教育は，このような深い非自己にふれるための方法である。ハクスレーは，普遍的非自己を知ること，すなわち悟りがもっとも深い自己実現であり，教育の目的であるという。さまざまな方法のなかで，ハクスレーはとくに「気づき」の技法を重視していた。

Ⅱ-16 ハクスレーの「両生類の教育」

■Huxley, *Huxley and God*（1992, p.101）
　教育が目的とするのは、それが職業のための教育でないかぎり、個人を、その人自身と結びつけ、仲間たちと結びつけ、社会全体と結びつけ、個人や社会がその一部にほかならない自然と結びつけ、自然がそのなかに存在する内在的で超越的なスピリットと結びつけることである。

■ハクスレー『**島**』（片桐訳, 1980）
　わたしたちが子どもにおしえるのは、同時に知覚と想像力の訓練であり、応用生理学と心理学の訓練であり、実践的倫理と実践的宗教の訓練であり、ことばの適切な使用法の訓練、自己認識の訓練なのです。ひとことでいえば、全心身をあらゆる側面において訓練することです。（p.242）

　あらゆるものは概念的に見られると同時に、感受性をもって見られるのです。……感受性の訓練は、分析と記号操作訓練と補いあうものであり、解毒剤なのです。どちらかを無視したら、けっして完全な人間に成長することはありません。（p.254）

■ハクスリー『**多次元に生きる**』（片桐訳, 2010）
　言語には、明らかに、グレシャムの法則があります。悪いことばは良いことばを排除する傾向があります。そしてことばというものは概して、良いことばも悪いことばと同様に、直接的経験とそれの記憶を排除する傾向があります。（p.31）

　好むと好まざるとにかかわらず、わたしたちは両生類として経験と概念の世界に同時に住んでいます。自然、神、自分自身を直接的に理解する世界と、これらの原初的事実についての抽象的かつ言語化された知識という、ふたつの世界です。人間としてわたしたちにできることは、これら二つの世界を最善に利用することです。（p.33）

II-17　クリシュナムルティの「気づきの教育」

　ジッドゥ・クリシュナムルティ（Krishnamurti, Jiddu 1895-1986）は，インド生まれの思想家，教育家であり，20世紀を代表する精神的指導者の一人であった。幼くして神智学協会に見いだされ，宗教的指導者になるべく育てられるが，彼はその道を進むことをやめ，その後は世界中で講演活動を行い，インド，イギリス，アメリカに学校を設立した。学校を実際につくったことからもわかるように，教育にはとりわけ力を入れていた。
　クリシュナムルティは，人間が社会や文化，伝統，宗教によって条件づけられることで，恐怖や葛藤，混乱，苦しみ，悲しみ，暴力に陥るようになることを分析し，そうした条件づけから抜け出す道を示した。条件づけによって人は既知のものに囚われ，いまここにあるものに本当にふれることなく，自由と創造性を失うことになる。ことに教育のなかで社会的条件づけが行われることを，クリシュナムルティは強く批判した。
　クリシュナムルティが子どもたちとの対話のなかで強調していたのは──畏友ハクスレーの場合と同じく──「気づく」ことの大切さである。気づきは，思考とは異なり，思考の動きを観察するメタプロセスである。クリシュナムルティは「無選択の気づき」や「全的な注意」と呼んでいるが，これは，自分の内外で起こっていることに対し，選択や判断をつけ加えることなく，すべてありのままに注意を向けることを意味する。気づきを高めることによって，私たちは自分の条件づけを知り，そこから離れていくことができる。そして思考する精神は静まり，自分と世界を隔てる境界意識がなくなる。クリシュナムルティは「あなたは世界である」というが，自己と世界は互いに映し合っており，こうした心理的革命を経ることによって世界は変わるという。
　「気づき」はこれまで教育のなかでとくに強調されることはなく，その意味でクリシュナムルティの教育論は画期的な意味をもつものである。気づきは，過去の条件づけに縛られていない自由な創造的人間を生みだし，人は「生の全体性」を生きることができるようになる。教育とは，そうした「生き方」を学ぶということである。

Ⅱ-17　クリシュナムルティの「気づきの教育」

■クリシュナムルティ『英知の教育』（大野訳，1988，p.72-73）

　君が花を見ているとき，君はその花とどんな関係にあるだろう？　花を見つめているだろうか，それとも花を見つめていると思っているのだろうか？　違いがわかるかな？　君は実際に花を見ているのだろうか，それとも花を見るべきだと思っているのだろうか，それとも花について君が持っているイメージ——「それはバラだ」というイメージ——でもって花を見ているのだろうか？　言葉はイメージであり，知識であって，それゆえ君はその花を言葉，シンボル，知識でもって見つめている。だからその花をじかに見てはいないのだ。……

　君が言葉，イメージなしに，そして完全に注意深い精神でもって花を見つめるとき，君と花とはどんな関係にあるだろう？　……「それはバラだ」と言わずに花を見つめたことがあるだろうか？　どんな言葉もシンボルも交えず，花に名前をつけたりしないで，全的な注意を傾けて花を見たことがあるだろうか？　そうするまでは，君は花と関係を持つことはない。他人あるいは岩や葉といったものと関係を持つためには，完全な注意を払って見守り，観察しなければならない。すると君と君が見ているものとの関係は，すっかり変わるのだ。観察者がすっかりいなくなり，事実だけが残る。もしそのように観察すれば，そこには意見も判断もない。ものごとがそのあるがままにある。わかったかな？　そのようにしてみなさい。

図Ⅱ-7　インド，バラナシ郊外にあるラジガート校

Ⅱ　海外の教育：むかしと今

Ⅱ-18　ケアリングの教育

　アメリカの教育哲学者ネル・ノディングズ（Noddings, Nel 1929－）は，ケアリング（いたわり，世話，気づかい）という観点から教育のあり方をとらえ直し，教育をケアリングの実践として再編するようにと提案している。ケアリングは人間の基本的な欲求であるが，家庭や地域や学校のなかでそれが充たされないとき，人間の健全な成長の基盤が損なわれる。ノディングズによれば，学校の第一の仕事は子どもたちをケアすることである。重要なのは，教育のなかの一領域としてケアリングが位置づけられることではなく，むしろケアリングの一様式として教育が位置づけられることである。同じ教育哲学者のジェーン・マーティン（Martin, Jane Ronald 1929－）も『スクールホーム』のなかで，三つのC（care, connection, concern）の重要性を指摘しており，ボルノーは「教育的雰囲気」や「庇護性」といった観点から同様の主張をしていた。

　ノディングズは，教科中心のカリキュラムを再編し，学校教育の中核としてケアリングの諸活動を取り入れることを提唱する。それは以下の領域から成る。自己へのケア，身近な人へのケア，見知らぬ他者・遠く離れた他者へのケア，動物・植物・地球環境へのケア，人工的世界へのケア，そして学芸へのケアである。「自己へのケア」には，身体のケア，精神生活へのケア，職業生活へのケア，余暇の生活が含まれる。「身近な人へのケア」には，対等な人間関係におけるケアと，対等ではない関係（親子，師弟，治療の関係など）におけるケアがある。「見知らぬ他者や遠く離れた他者」というのは，遠方の地にいる他民族，地理的には身近にいるマイノリティ，歴史的に差別化されてきたジェンダー，世代，障がい者などを含んでいる。「動物・植物・地球環境へのケア」では，生き物や地球環境へのケアをうながす。「人工的世界へのケア」では，道具使用，科学技術を含む道具の発展，生活環境の学習，モノづくり，手仕事，道具の手入れや修理などが含まれ，物質文明や消費社会のあり方が振り返られる。「学芸へのケア」では，生徒が学芸に興味をもってふれ，ケアリング力を高めることが求められる。ケアリング中心の教育では，ケアの軸のまわりにさまざまな学習活動が編成されることになる。

II-18　ケアリングの教育

■ネル・ノディングズは，高校の数学教師をへて，その後シカゴ大学，スタンフォード大学，コロンビア大学で教え，現在，アメリカを代表する教育学者の一人である。とくに女性の立場からケアリングの教育を提唱したことで知られている。ノディングズは「ケアリングの倫理」を構築し，それに基づく道徳教育のあり方を検討した。従来の倫理学では形式的な原理ばかりが優先され，道徳教育も理性的な道徳的推論の発達を中心とするものであった。ノディングズはそれを男性的価値観に基づく倫理学とみなし，これに対して女性的な経験に根ざしたケアリングの倫理が対置されなくてはならないとした。男性的原理の倫理が抽象的，理性的，分断的，固定的，教条的，客観的といった特徴をもっているのに対して，ケアリングの倫理は具体的，感情的，関係的，状況的，主観的なものである。ケアリングに関する著書には『ケアリング』や『学校におけるケアの挑戦』があるが，それ以外にも彼女のテーマは，直観，数学教育，教育哲学，宗教教育，道徳教育，教師研究，家庭，幸福など多岐に及んでいる。

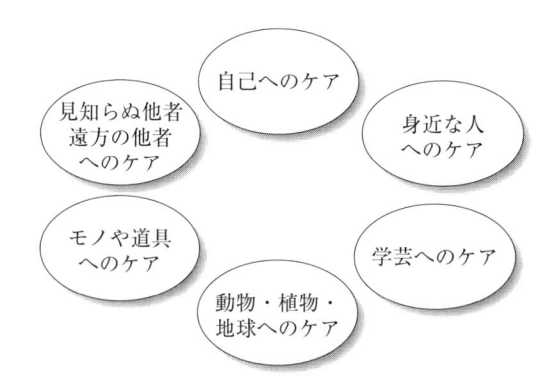

図II-8　ケアリング
（出典：中川吉晴『ホリスティック臨床教育学』せせらぎ出版，2005，p.37）

II-19　感情教育

　怒りや憎しみといった負の感情は，それを抑圧して排除すればよいようなものではない。感情の抑圧は身心の病理を生みだし，活力や生きる実感を減少させてしまう。アリス・ミラー（Miller, Alice 1923-2010）がいっているように，感情の抑圧は破壊的な人格を生みだす恐れもある。感情にふれることによって私たちは，身心の健康を保ち，存在基盤をしっかりしたものにする。むしろ現代人の問題は，みずからの感情とのつながりを失っていることである。感情の回復は心理療法の課題であるが，教育においても重要な意味をもっている。とくに教育では，「感情的知性」（EQ）の考え方に基づく感情教育が提唱されている。

　EQ の提唱者ダニエル・ゴールマン（Goleman, Daniel 1946-）は，感情的知性を，感情の自己認識，感情の管理，共感，人間関係への対処という点から定義している。これは，怒りのような攻撃的感情に対する対処法として提案されている。つまり，感情に気づき，それを行動化するのではなく，言語を通じて表現し，対人関係のスキルを高めるということである。この EQ の考えに基づく「感情的・社会的学習」（SEL=Social and Emotional Learning）というアプローチでは，感情を知り，それとのかかわり方を学ぶ感情リテラシーの学習が中心になり，それはさまざまな暴力防止プログラムに取り入れられている。

　SEL では感情管理と対人関係のスキルを高めることが目的であり，自我による感情のコントロールを含んでいる。しかし，負の感情への取り組み方としては，負の感情を管理するだけでなく，それを変容することも大切である。バイオエナジェティックスのような身体心理療法では，感情を抑圧している「筋肉の鎧」をゆるめ，感情表現を促すことで感情変容が目指される。さらに今日では，感情教育にマインドフルネスをはじめとする観想的アプローチも取り入れられている。マインドフルネスでは，非難をまじえず，ありのままの感情に気づき，それを見守ることによって，感情が変容していくプロセスが観察されることになる。この点については，ティク・ナット・ハン（Thich Nhat Hanh 1926-）の『怒り』が参考になる。

Ⅱ-19 感情教育

■筋肉の鎧

　精神分析に身体からのアプローチを導入したウィルヘルム・ライヒ（Reich, Wilhelm 1897-1957）は「筋肉の鎧」を発見した。筋肉の鎧とは，感情表現（衝動）を抑えるなかで身体に構造化される慢性的筋緊張である。生命エネルギーの表現としての衝動や感情は，家庭生活や社会生活の多くの場面で抑えられる。抑えられるのは，怒ること，泣くこと，そして恐怖，苦痛，不安，性的感情などである。衝動や感情を抑えるには，自我はコントロールのできる随意筋を緊張させることで，感情表現のために外へと向かっていく衝動を抑える。例えば，泣くことを抑えるには，目もとを硬くし，あごを固め，のどを締めつけ，息を止め，腹部を緊張させなくてはならない。筋肉の鎧は，眼のまわり，口のまわり，あご，のど，胸，横隔膜，下腹部，腰など全身にわたって生じる。治療では，筋肉の鎧をとかして，感情表現を回復することがめざされる。

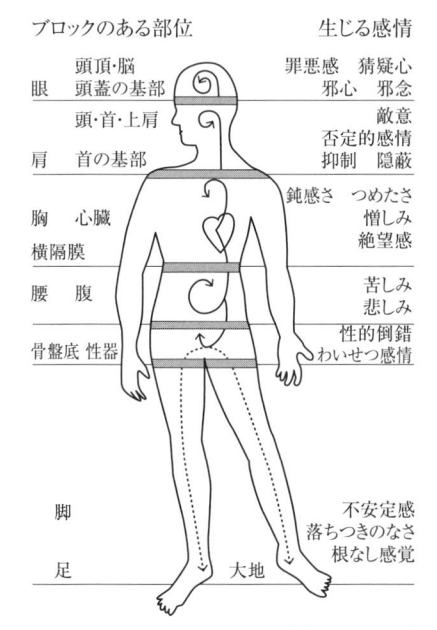

ブロックのある部位	生じる感情
眼　頭頂・脳　頭蓋の基部	罪悪感　猜疑心　邪心　邪念
頭・首・上肩	敵意　否定的感情
肩　首の基部	抑制　隠蔽
胸　心臓　横隔膜	鈍感さ　つめたさ　憎しみ　絶望感
腰　腹	苦しみ　悲しみ
骨盤底　性器	性的倒錯　わいせつ感情
脚　足　大地	不安定感　落ちつきのなさ　根なし感覚

図Ⅱ-9　慢性的筋緊張による感情の流れの中断
（出典：ローエン, A. 中川吉晴・国永史子訳『うつと身体』春秋社, 2009, p.364）

II-20　身体からの教育

　身体から自己のあり方を理解し，みずからの身体様式を変えることで自己変容を図るようなアプローチが数多くある。それらはスポーツや体操とは異なり，その大半が修行や治療の伝統のなかで発達してきたものであるが，教育にとっても重要なものが多い。それらは一般にボディワークや身体技法と呼ばれるが，近年ではソマティック心理学（身体心理学）と呼ばれるようになっている。例えば，身体への気づきを重視したものには，ゲシュタルト・セラピー，センサリー・アウェアネス，アレクサンダー・テクニーク，フェルデンクライス・メソッド，フォーカシング，ハコミ，プロセスワークといったものがある。感情の身体的構造化と，身体表現を通じた無意識的要素の解放を重視するものには，ウィルヘルム・ライヒの方法から分岐した一連の身体心理療法（バイオエナジェティックスなど）がある。

　一方，日本には，わざ，武道，古武術，芸道，修行，稽古などの伝統があり，近年，これらに対し教育界からも注目が寄せられている。治療的文脈では，野口晴哉の提唱した整体と潜在意識教育が独自の教育論を成している。伊東博の提唱したニュー・カウンセリングは心身一如の立場に立ち，成瀬悟策による臨床動作法も学校教育のなかに広がっている。野口三千三の考案した野口体操は，原初生命体としての流体的身体に即した運動を行うものである。

　野口体操をみずからのレッスンに取り入れ，演劇的アプローチで教育界にも大きな影響を及ぼしたのは竹内敏晴である。竹内敏晴は，「からだ」はその人のあり方を如実に物語っているが，本人はそれに気づいていないという。とくに現代人は，他者（社会）の期待に無意識のうちに応えてしまう「身がまえ」をしており，主体としてのからだを見失っている。したがって，竹内レッスンでは，脱力（からだほぐし）をしたり，ふれる，呼びかけ，出会うといった人間の基本的な行動を吟味したりすることで，身心の分裂状態に気づき，主体的なからだ＝自己を回復していくことが試みられる。竹内敏晴の取り組みを通じて，体育は「からだそだて」として再定義された。また，その取り組みは，教師のからだを問題とする視点も切り開いている。

II-20 身体からの教育

■**野口三千三による体操の定義**（野口, 2003, p.5－6から抜粋）
- 体操とは, 自分自身のからだの動きを手がかりにして, 人間とは何かを探検する営みである。
- すべてのことば（描象言語をふくむ）は, その発生をたどると, 必ずからだの直接体験にたどりつく。この直接体験の実感を探り出すことによって, そのことばの意味を変革する営みを体操という。
- 学問・知識・ことばとしてとらえ得たすべての感覚と, まだ人類の誰もが一回も味わったことのない新しい感覚を, 自分自身のからだの中身の変化の実感から探り出し, 育てあげる営みを体操という。
- 心・からだ・ことば・声のすべては, からだの中身の変化である。原初存在感（生命体）・原初情報と呼ぶものを追求することによって, 新しく人間存在を把握しようとする営みを体操という。

■**竹内敏晴『ことばが劈かれるとき』**（1988, p.290－291）
　親や教師がしなやかな「からだ」でなければ, 子どもの「からだ」を感じわけることはできない。また子どもが, しなやかな「からだ」でなければ, 親や教師を受け入れることはできない。両者がふれあえねば, 授業などということは成り立つはずがない。「からだそだて」は教育の全科目の基礎なのだ。
　だが,「からだそだて」は容易な仕事ではない。……私たちの「からだ」を硬く頑固にこごらせたり, 身を縮めて無反応に閉じこもらせてしまったり, 他者とふれあうことを怖がらせたりするものは, 私たちの「からだ」が生きている「現代」そのものだからだ。
　具体的には, それは, 会社や家庭の支配秩序だったり, 小学校から大学までの全教育課程の理念だったり, あるいは私たち自身の固定観念や道徳観だったりするだろう。それらを切り崩していくことこそ「からだ」を解きほぐしてゆくことであり, 新しい「からだ」を育ててゆくことにほかならぬ。とすれば, これは本質的に自らを告発し, 変え, 生まれ直してゆく作業だということになる。なかなか容易ならぬ作業であって, これこそ教育の第一義的な仕事だとさえ言えるだろう。いや, 実は学校教育も, そのつながりの一つの環でしかないような, 人間回復のための大きな共同作業のめざすものだと言った方がいい。

II-21　ESDとブータンのGNH教育

「持続可能な開発のための教育」（ESD：Education for Sustainable Development）は，持続可能な社会をつくる担い手を育成するために，日本政府が提案し，第57国連総会で採択され，国連ESDの10年（DESD）が2005年から2014年まで定められた。ESDは，従来の国際理解教育，環境教育，開発教育，人権教育，平和教育などを包括する概念であり，参加体験型学習を通じて知識，態度，価値観，対人スキル，行動力などを養うことをめざしている。思想家で教育家のサティシュ・クマール（Kumar, Satish 1936- ）の表現を借りれば，三つのS，すなわち，Soil（大地），Soul（魂），Society（社会）を結び合わせる取り組みをすることが重要なのである。地球の状況を考えると，ESDは明らかに教育がもっとも力を入れるべき分野である。以下，ブータンのGNH教育を，その一つの可能性としてあげておきたい。

ブータンは，1976年に第四代国王がGNH（国民総幸福）を提唱して以来，GNHを国づくりの中心理念に掲げている。その四つの柱の中心は環境保全であり，他の柱は，公正で持続可能な社会経済発展，伝統文化の継承，良き統治である。政府の役割はGNHの条件づくりをすることであり，2008年の初の総選挙で発足した政権が最初に手がけた大きな仕事の一つが教育改革であった。

2009年12月に政府主催のGNH教育の会議が首都ティンプーで開かれ，世界の専門家を集め，ホリスティック教育，観想教育，先住民教育，エコロジー教育，批判的思考を柱にした改革案が話し合われた。その後，これらの理念は全国の学校に伝えられ，カリキュラムの見直しが行われている。いくつかの取り組みは実施されているが，そのなかには環境活動や瞑想が含まれている。

その後2011年にブータンが起案した「幸福――開発へのホリスティック・アプローチ」が第65国連総会で決議され，2012年に「ウェルビーイングと幸福――新しい経済パラダイムを定義する」という会議が国連で開かれた。その四つ柱は「ウェルビーイングと幸福」「エコロジカルな持続可能性」「公正な分配」「資源の有効活用」である。ウェルビーイングと幸福を目標に，人間と自然とのつながりを改善していくことが今後の教育に求められている。

II-21　ESDとブータンのGNH教育

■クマール『君あり，故に我あり』（尾関・尾関訳，2005）

『バガヴァッド・ギーター』によれば，自然と社会と自己は，三角形に結び合って全体を形成する。生活の中で，私たちは日々，この三つの側面に気を配る必要がある。

『バガヴァッド・ギーター』は，私たちに指針を与えてくれる。それは，自然，人間社会，自分自身との適切な関係を提示している。それには，鍵となる概念が三つある。ヤグナによって土を育てること，ダーナによって社会を育てること，タパスによって自己を育てることである。(p.132-133)

この，自然と社会と自己を育むという三位一体は，私の思索の大いなる糧となった。以来，それは私の中に留まり，私の思想と行動の土台となるに至った。私はこの三位一体を「ソイル（土），ソウル（心），ソサイエティ（社会）」と名づけた。……私が「エコロジーの時代」と呼ぶ時代において，「ソイル，ソウル，ソサイエティ」は，真に全体的な考え方を啓発することができる。それは，自然と人間と精神性を一つに結びつけることができるのだ。(p.134)

■ブータンの教育

ブータンの教育は，僧院教育から世俗教育へ移行し，1950年代にはヒンドゥー語による教育が行われ，60年代以降は英語による教育が行われるようになった。2014年時点で学校は552校あり，11年間無償である。ブータンには，ほかにも僧院校が391校あり，生涯教育のノンフォーマル教育も盛んである。ブータンは，暗記中心，試験中心の教育からホリスティックなGNH教育へと移行することをめざしているが，カリキュラム改革は進行中である。GNHの中核校が7校つくられており，これらの学校ではゴミ問題などに取り組んでいる。現時点ですでに開始されている改革は瞑想の導入である。朝礼や授業開始時に数分程度，沈黙とマインドフルネスの時間が取られている。

図II-10　2009年ブータンの教育改革会議の一場面

II-22　教育におけるスピリチュアリティ

　スピリチュアリティとは，人間存在の深層や根源，あるいは個を超える現実に対する実存的関心や探究心を意味している。それは現代人の生きる意味（生きがい）の希求や，自己変容への関心のなかに表れている。世界的な関心の高まりのなかで教育においては，1990年代半ば以降，子どものスピリチュアリティ，スピリチュアル教育，観想教育，教育者のスピリチュアリティに関して，多くの議論や取り組みがなされている。

　子どものスピリチュアリティの特徴として，例えば，心理学者のトビン・ハート（Hart, Tobin 1958-）は，英知，驚き・畏れ，人とのつながり・共感，大きな問い，見えない次元にふれることといった特徴をあげている。子どもの意識には本来スピリチュアルな次元が存在しているのである。

　子どもがスピリチュアルな存在であるという理解が進むなかで，スピリチュアリティを育む教育のあり方が模索されている。これには子どもの教育だけでなく，高等教育におけるスピリチュアル教育も含まれる。生きる意味にかかわる「魂の教育」はその一つの方向である。また現在広がりをみせているのは観想教育である。それは，マインドフルネスのような瞑想を教育に取り入れる試みである。UCLAの報告（次項コラム）でも，観想的実践がスピリチュアルな発達にはもっとも有効であるといわれている。最近では多くの学校で子ども向けの瞑想や，高等教育における観想実践が展開されている。パーカー・パーマー（Palmer, Parker 1939-）は「教育におけるスピリチュアリティ」の第一人者であるが，とくに教師のスピリチュアリティを育むための研修「教える勇気」プログラムを開発したことで知られている。

　「教育におけるスピリチュアリティ」の動きは，現代社会にあって人間と教育のあり方を根底から問い直す運動である。スピリチュアリティの教育は，多くの場合，宗教教育とは区別して語られ，伝統的な宗教観や宗教教育の形式にとらわれることなく，スピリチュアリティを人間のより高次な潜在可能性として探究している。それは菱刈晃夫が試みているように，教育の歴史を遡り，そのなかにスピリチュアリティの源を掘り起こす作業にも通じている。

Ⅱ-22　教育におけるスピリチュアリティ

■ミラー『**魂にみちた教育**』（中川監訳，2010，p. 17-18）

　いまや魂にみちた学びが必要とされるときがやってきたのだと思います。私たちは，人間の心を損なう機械的な教育をうんざりするほどおこなってきました。……あらゆる学びにおいて質を無視し，量を重視しようとすることは，生徒の魂を抑圧します。そうではなく，私たちは深い喜びを味わえる教育を，この世界にもたらすことができます。そこでは魂がもう一度歌うことができるようになります。魂にみちた学びは，生徒の内面性を育み，それを外面性や環境と結びつけます。それは，「世界規模の経済のなかで競いあっていく」ことのできる人をつくりだすことよりも，人間の心のほうが大切だということを知っています。教育に魂をとりもどすことは，いまはじめて示された新しい考え方ではありません。それは古代ギリシア人や，さまざまな先住民によって何世紀にもわたってはっきりと述べられてきたものであり，道教（老荘）思想や，キリストやブッダの教えのなかに見いだすことができるものです。私たちも昔の人たちと同じように，それを望めばよいのではないでしょうか。教育は，進むべき道を見失っています。エマソンが「宇宙との根源的な関係」と呼んだものを思い起こし回復するために，私たちは魂に目を向ける必要があるのです。

■「**高等教育におけるスピリチュアリティ」の全米調査**

　UCLA高等教育研究所では，2003年から7年間にわたり「高等教育におけるスピリチュアリティ」の全国調査を実施した。2004年に全米の大学1年生112,232人（236大学）を対象にした調査では，83％が聖なるものを信じていると答え，80％がスピリチュアリティに関心があると答え，76％は生きる意味を希求していると答えている。調査の結果，高等教育のなかで学生のスピリチュアルな発達が促されれば，ケアする力，グローバルな意識，社会正義へのかかわり，平静さといった面が養われ，社会全体にとって大きな貢献になると結論されている。しかし，大学はそれにまだ十分に応えていないという実態も明らかになった。学生のスピリチュアルな発達を促進するものとして，学位を取得できるコース，個別講義，宗教やスピリチュアリティを意識するための特別な週や曜日，メンター制度，奉仕活動，リトリート，リーダーシップ訓練，留学，学際的取り組み，地域の奉仕活動，慈善活動，異文化交流などがあげられている。それらとは別に強調されているのは，瞑想や内省などの観想的実践である。人生をめぐる「大きな問い」について，学生と教員が議論することの大切さも強調されている（Astin & Astin, 2011）。

103

Ⅱ-23　魂の教育

　アメリカの著名な教育家であったレイチェル・ケスラー（Kessler, Rachael 1946-2010）は，ダニエル・ゴールマンが「ニューヨークタイムズ」誌上で，感情リテラシー教育におけるリーダーと評したこともある人物である。彼女は社会的・感情的学習研究所を主宰し，若者向けに教育プログラムをつくって活躍した。なかでも重要なのは，魂の教育を提唱したことである。ケスラーによれば，若者たちは，その魂が養われないことで起こる「スピリチュアルな空白状態」に置かれているという。そのため若者たちは，暴力，性，薬物，自殺といった破壊的行動を通して不適切なかたちでスピリチュアルな欲求を充たそうとする。したがって，万能薬ではないにしても，教育のなかに魂の次元を迎え入れることは若者の欲求に応えるものになる。

　彼女は多くの若者の声に耳を傾けるなかで，若者の魂が求めている七つの面を見つけだし，それを「魂への七つの入口」と呼んでいる。その七つとは，深いつながり，沈黙，意味，喜び，創造性，超越，通過儀礼である。「深いつながり」を求めるとは，自分・他者・自然・大いなるものに結びつくことで人生の意味や帰属感を得ることである。「沈黙と孤独」への希求とは，日常の忙しさから離れ，内省や瞑想のための時間や空間をもつことである。「意味と目的」の探求とは，生きるとは何か，私はなぜ存在しているのかといった大きな問いを追求することである。「喜び」の切望とは，遊び・祝い・感謝のような充足感や，美・優雅さ・愛などの高揚感を体験することである。「創造的衝動」とは，新しい発想であれ芸術であれ，ものごとを新しい眼で見て何かを生み出すことに驚きや神秘性を感じとることである。「超越」への衝動とは，神秘的次元だけでなく学芸やスポーツにおいても日常経験を超えるものを求めることである。「通過儀礼」とは，若者が大人へと移行していくための何らかの儀式をもつということである。こうした魂の欲求に応えるために，ケスラーは，各種のアクティビティやカウンシルを取り入れた「パッセージ・ワーク」というプログラムをつくっている。ケスラーの活動以降，2000年から2005年にかけて世界各地で「魂の教育」をめぐる国際会議が開かれている。

II-23　魂の教育

■「21世紀の〈教育における魂〉ボルダー宣言」(2006年) から

魂とは，人間性の深い統合的側面を指し示す，時代を超えた普遍的概念であり，この側面は私たちの最高の資質と生命力を体現するもので，私たちの生活と意識的に結びつけられるなら，強い生きがい感，ケアにみちたつながり，そして人生の目的と方向を与えてくれる。

■カウンシル

ケスラーは，カウンシルというアメリカ先住民などに伝わる伝統的な方法を重視している。カウンシルでは参加者全員が輪になって座り，真ん中にシンボル（花，大きなロウソクなど）を置き，そのまわりに置いたロウソクに灯をともしてから，トーキング・ピースを握った人が順に心の内からわき起こる話をする。とくに強制されるわけでもなく，話したい人が話したいことを口にする。それをまわりの人たちは，ありのままに傾聴し，意見を返したりはしない。そこでは一人ひとりの心の内が語られ，共有される。進行役は，テーマ（誰かを信頼できたとき，忘れがたい平和な瞬間，子ども時代の恐れなど）を決めてもよい。カウンシルの後は，話された個人の秘密を守るようにする。

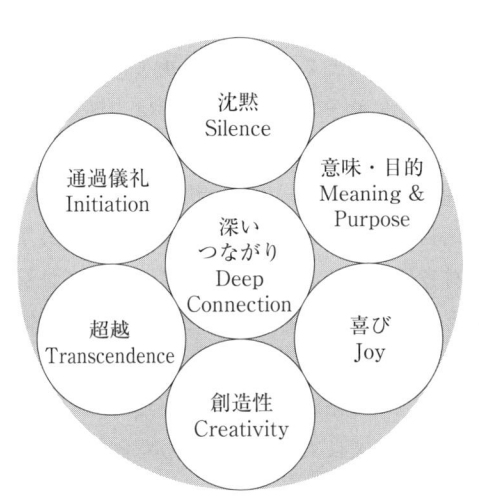

図II-11　ケスラー，魂への七つの入口
(出典：中川吉晴『ホリスティック臨床教育学』せせらぎ出版，2005, p. 72)

II-24　サイコシンセシス

　サイコシンセシスは，イタリア人精神科医ロベルト・アサジョーリ（Assagioli, Roberto 1888-1974）が20世紀初頭に提唱し，自己実現にかかわる意識構造論と実践技法を兼ね備えた体系として，人間性心理学ならびにトランスパーソナル心理学のなかで高く評価されてきたものである。イタリア人として最初に精神分析を学んだアサジョーリは精神分析の還元主義を批判し，人間存在を多次元的にとらえ，意識的自己から高次自己へと至る精神総合（サイコシンセシス）の過程を描き出した。アサジョーリは医師としての科学的訓練を受けているが，プラトンやダンテなどの古典的教養だけでなく，サンスクリット語を含めて八つの言語に通じ，古今東西の宗教や神秘思想に精通していた。
　サイコシンセシスには，卵形で表される意識の地図がある。そこには，下位無意識（精神分析でいう無意識），中位無意識（潜在意識），上位無意識（超意識），意識領域（直接気づいている領域），意識的自己（気づきの中心），高次の自己（真の自己），集合無意識が含まれる。サイコシンセシスの過程は，パーソナル・サイコシンセシスとスピリチュアル・サイコシンセシスの二段階に分けられる。パーソナル・サイコシンセシスでは，無意識と意識領域を調べ，個人を構成している諸要素から「脱同一化」し，意識的自己を確立することを目的とする。意識領域のなかでは，感覚，衝動，感情，思考などがたえず生起しているが，意識的自己はこうした流れに気づくことであり，それ自体は変化することのない純粋意識である。スピリチュアル・サイコシンセシスとは，上位無意識や高次自己とのつながりを回復することである。気づきの中心である意識的自己は高次自己と直接結びついており，高次自己が投影されたものとされる。サイコシンセシスの技法は多彩であるが，とくにイメージ法を多く用いる点が特徴的である。たとえば太陽や花といった自然存在，老賢者などがイメージとして用いられる。
　サイコシンセシスは自己実現のための体系であり，心理療法だけでなく教育などでも活用されてきた。アサジョーリは，対人関係や社会集団のためのサイコシンセシスを構想し，平和な国際社会の建設に強い関心を寄せていた。

Ⅱ-24　サイコシンセシス

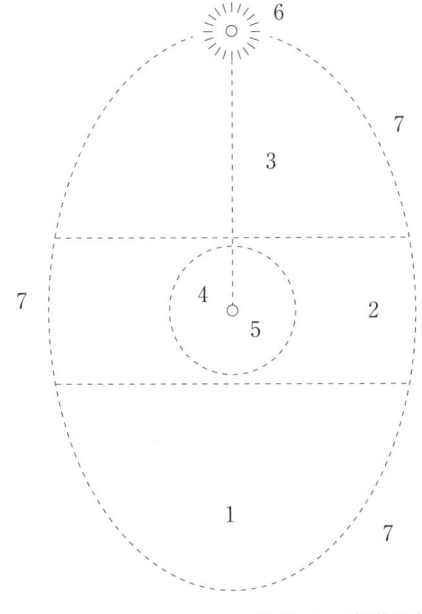

1．下位無意識
2．中位無意識
3．上位無意識・超意識
4．意識領域
5．意識的自己
6．高次の自己
7．集合無意識

図Ⅱ-12　意識の卵形図形
（出典：Assagioli, *Psychosynthesis*, The Viking Press, 1971, p.17）

図Ⅱ-13　サイコシンセシスの授業風景（南山大学）

II-25　観想教育―マインドフルネス―

　マインドフルネスをはじめとする瞑想の社会的適用が医療や心理療法の分野で進められている。教育においても「観想教育」(contemplative education)という分野が登場した。この分野の先駆的な取り組みは1990年にナローパ大学で始められたが，現在では子どものための観想教育，高等教育における観想的実践，観想を用いた教師養成などが行われており，観想教育の研究と実践を推進している学術団体や民間の教育機関，教育家は数多く存在する。
　観想的実践にはマインドフルネスだけでなく，沈黙，独りになること，イメージ法，自然体験，通過儀礼，ヨーガや気功や太極拳などの観想的運動，センサリー・アウェアネスなどのボディワーク，アート，ナラティヴ，ジャーナルなど多様な方法が含まれる。教育のなかで観想が注目されるのは，それが身心の健康増進やストレスへの対処に役立つスキルであり，生徒の落ち着き，注意力，自制心，共感力を養い，行動面や学力面でも改善をもたらすからである。
　マインドフルネス（気づき）は，いま起こっていることに，ありのままに気づくという作業である。この瞑想はもともとテーラワーダ仏教のヴィパッサナー瞑想に根ざしており，世界的に知られる仏教者ティク・ナット・ハンや，東南アジアで仏教修行をした西洋人たちの活躍を通じて知られるようになった。またジョン・カバットジン（Kabat-Zinn, Jon 1944－）が入院患者のために作ったマインドフルネス・ストレス低減法（MBSR）には，気づきをもって食べること，呼吸の瞑想，歩く瞑想，ボディスキャン，坐る瞑想，ヨーガ，慈しみの瞑想が含まれる。このMBSRは，子ども向けにアレンジされて，学校におけるマインドフルネス実習に用いられている。
　マインドフルネスは気づきの訓練であり，自分のなかに起こってくる感覚，感情，思考などに細やかに気づき，解釈や評価をまじえず，それをありのままに見つめることである。このような気づきの訓練をすると，自己の中心が定まり，精神が静かになる。また明晰さ，広がりや深みの感じ，いまここにある存在感が増してくる。さらに一時的に境界意識がなくなるので，周囲の世界にじかにふれて一体になっている実感が生まれる。

Ⅱ-25 観想教育―マインドフルネス―

■初期仏典『**サティパッターナ・スッタ**』に描かれたマインドフルネス

　マインドフルネスは，初期仏典『サティパッターナ・スッタ（念処経）』にまで遡る。サティパッターナの「サティ」とは，パーリ語で気づきを意味する。この経典は気づきの対象となる四つの柱として，身体，感覚，心，心の対象を立てている。教えの内容は，つぎのように具体的である。

- ティク・ナット・ハン『**ブッダの〈気づき〉の瞑想**』（山端・島田訳，2011）

　　さて，修行者はどのように身体において身体の観察を続けるのだろうか？

　　彼は森へ行く，そして木の根元や空き小屋に脚を組んで坐り，背筋をまっすぐに保ち，〈気づき〉にそなえた心をその場に確立する。

　　そして，息を吸うとき息を吸っていることに気づき，息を吐くとき息を吐いていることに気づく。長く吸っているときには「長く吸っている」ことを知る。長く吐いているときは「長く吐いている」ことを知る。短く吸っているときは「短く吸っている」ことを知る。短く吐いているときには「短く吐いている」ことを知る。(p.27-28)

　　修行者は前へ進むとき後ろへ戻るとき，その前進・後退にくまなく気づく。前を見る，後ろを見る，かがむ，立ち上がるときに，その動作にくまなく気づく。……食べる，飲む，噛む，味わう，このすべてに十分な気づきを向ける。排便や排尿の際にも，十分な気づきを向ける。歩く，立つ，横たわる，座る，寝ても覚めても，話すときも沈黙するときにも，あらゆることを気づきの光で照らす。(p.31)

　　何かを欲しいと思うとき「心は欲しがっている」と気づき，欲しいと思わないとき「心は欲しがっていない」と気づく。何かを憎いと思うとき「心は憎んでいる」と気づき，憎いと思わないとき「心は憎んでない」と気づく。(p.42)

109

II 海外の教育：むかしと今

II-26　教師教育—省察的実践家と観想的実践家—

　最近の教師研究には，教師の実践知を対象にしているものが多い（自伝的研究，ライフヒストリーなど）。また教師教育（現職教育）においても，知識や技能の習得だけでなく，教師がその人生を語り，自己理解を深め，自己成長をとげることに重点が置かれている。教師教育論では，ドナルド・ショーン（Schön, Donald 1930-）に従って，教師を「省察的実践家」としてとらえる見方がある。省察的実践家としての教師は，日々の教育実践のなかで試行錯誤しながら，みずからの体験を振り返り，それによって実践知を身につけ，教師としての成長をとげる。実践的思考には，実践のなかで暗黙裡に働く「活動のなかの知」だけでなく，問題状況のさいに働く「活動のなかの省察」がある。

　しかしながら，省察的実践家の取り組みは，教師の思考過程に焦点を合わせており，教師の存在全体を含むものではない。教育は，教育者の存在全体を通して起こるものであり，そうした存在の深化と変容が教師教育のなかにも位置づけられなくてはならない。そこで，ジョン・ミラーは教師を「観想的実践家」としてとらえることを提唱し，さまざまな観想的取り組みを教師教育に取り入れている。それによって教師は，自分をより深く知り，ストレスにより効果的に対処でき，他者への共感力を養い，自己の存在の深みで他者とつながることができるようになる。具体的には，マインドフルネス，イメージ法，身体技法，ナラティヴなどを取り入れ，教師の内的資質の開発が図られる。

　パーカー・パーマーによると，教育は教師の内なる生から起こるものであり，大切なのは，教師が自分の内面をよく知ることである。パーマーの考えに基づく「教える勇気」プログラムでは，同じメンバーが2年間で8回のリトリートに参加する。季節ごとに開かれるので「四季」とも呼ばれるこのプログラムは，秋に始まり（人生の秋に対応），冬の死と，春の再生をへて，夏の豊かさへと向かい，教師の甦りを助ける。プログラムでは，一人ひとりの語りや話し合いがあり，また書きものや散歩をしたりして独りで過ごす時間も大切にされる。リトリートの期間，各自が集中的に自分自身と教師の仕事を見つめる作業をし，アイデンティティと統合性を回復するのである。

II-26　教師教育―省察的実践家と観想的実践家―

■ミラー『ホリスティックな教師たち』（中川・吉田・桜井訳，1997，p. iv）
　究極的には，ホリスティック教育は，教育政策や教授法によってもたらされるものではありません。それは，エマーソンが「深み」や「存在」と呼んでいるようなところから生じるのです。「深み」というのは一見つかみどころのない言葉ですが，それはこれまでも，人間の核心，こころ，存在，〈自己〉，魂，などという言葉で呼ばれてきました。……自己の「存在」や「深み」にもとづいて教えられるなら，教師という仕事は，深くみたされる体験になります。

■パーマー『**大学教師の自己改善――教える勇気**』（吉永訳，2000，p. 17－18）
　教育は，他の真に人間的な活動と同様，良かれ悪しかれ，人の内面から生まれるのです。教えるとき，私は自分の魂の状態を，学生に，教科に，そして，すべての人にさらけ出しているのです。私の教室での浮き沈みは，私自身の内面の状態に他なりません。授業は，私の魂の鏡なのです。もし，私がその鏡を進んでのぞき，直視するならば，自己理解を増すことでしょう。そして，自分を知ることは，学生や科目を知ることと同じくらい，優れた教授法に不可欠なものなのです。
　実際，学生と科目を知ることは，大きく自己理解に依存しています。私が，自分自身を知らなければ，私は学生を知ることはありません。私の人生の知られざる部分は影となって，学生をみる目をにごらせることでしょう。もし，私が，学生をきちんとみないならば，彼らを教えることはできないでしょう。私は，自分を知ることなしに，科目を教えることもできません。それが，私のものとなっているという深い程度にまでは。私は，抽象的に，遠くから，概念の束をもつのみでしょう。私自身が自分から離れているように。
　「自分を知る」ということは，自分勝手なことでも，自己愛でもありません。教師が得る自己理解は，学生にも研究にも役に立ちます。よい教育は自己理解を伴う。これは，誰にでもわかる，隠された秘密なのです。

II-27　東洋的人間形成論

　日本の教育は明治期以降，西洋教育から大きな影響を受けているが，それは東洋の伝統的な人間観，教育観とはさまざまな面で違いがある。西洋的な見方の根底には，ものごとを区別し分析する二元論的な働きがあり，分析的理性を備えた個人の形成がもっとも重視される。それが成人の定義であり，教育とは，そうした理性的存在に向けて人間を啓蒙する営みとして位置づけられる。その過程では，世界を分節化する言語機能や，世界を対象化する科学的思考法の習得が重視される。また個人は分離した自我として形成され，自我は自然環境や，身体や感情と対立することになる。

　一方，東洋的な見方では，ものごとを分けない一元論的な見方が強調され，分かれる以前の統一的な根源が重視される。そうした根源は，ブラフマン，道，無極・太極，理，無，空などと呼ばれる。したがって，東洋的な人間形成では，根源へと帰還することが強調され，言語から離れ，習得された文化様式が脱学習される。それは言い換えれば，悟りのための人間形成であり，東洋の宗教的伝統のなかでは，その方法として，意識変容のためのさまざまな瞑想修行が体系化されてきた。

　東洋的自己とは，根底にある限りない絶対的現実（井筒俊彦のいう深層意識のゼロポイント）に立ち返り，そこから個別的存在として立ち現れるような重層的存在である。その古典的な例として，老子における「賢人」，荘子における「真人」や「至人」，臨済における「無位の真人」などがある。また，それは鈴木大拙では「超個の人」，西谷啓治や上田閑照では「自己ならざる自己」と呼ばれている。東洋的自己は，無限と有限，空と色，否定と肯定，涅槃と輪廻，超越と現実とを同時に生きる存在であり，そのようにして日常的現実を絶対的真理（真如）へと転換する。

　東洋的自己においては，自然や世界は対象ではなく，自己と同じく無限なるものの表現（諸法実相）であり，自己と世界は無境界的に一体化する。それによって他者への共感が深まるが，これは同時に，西洋文化で強調される批判的理性を欠いたものになりやすい。

Ⅱ-27　東洋的人間形成論

■張鍾元『**老子の思想**』(上野訳, 1987, p.223)
「老子」48章
学問をするとき
日ごとに蓄積していく。
「道」を行うとき，日ごとに減らしていく。
減らしたうえにまた減らすことによって
何もしないところにゆきつき，
そして，すべてのことがなされるのだ。
だから，無為によって，
しばしば天下を勝ち取る。
行動するようでは，天下は勝ち取れないのだ。

■増谷文雄『**正法眼蔵**』一（2004, p.44）
「現成公案」から
仏道をならふといふは，自己をならふ也。自己をならふといふは，自己をわするるなり。自己をわするるといふは，万法に証せらるるなり。万法に証せらるるといふは，自己の身心および他己の身心をして脱落せしむるなり。

■井筒俊彦『**意識と本質**』(1991, p.16)
　いわゆる東洋の哲人とは，深層意識が拓かれて，そこに身を据えている人である。表層意識の次元に現われる事物，そこに生起する様々な事態を，深層意識の地平に置いて，その見地から眺めることのできる人。表層，深層の両領域にわたる彼の意識の形而上的・形而下的地平には，絶対無分節の次元の「存在」と，千々に分節された「存在」とが同時にありのままに現われている。

■鈴木大拙『**日本的霊性**』(1972, p.86)
　超個の人〔にん〕は，既に超個であるから個己の世界にはいない。それゆえ，人と言ってもそれは個己の上に動く人ではない。さればと言って万象を撥って，そこに残る人でもない。こんな人はまだ個己の人である。超個の人は，個己と縁のない人だということではない。人は大いに個己と縁がある，実に離れられない縁がある。彼は個己を離れて存在し得ないと言ってよい。それかと言って，個己が彼だとは言われぬ。超個の人は，そんな不思議と言えば不思議な一物である……。

III
教育の課題と展望

1 学校とネット上でのいじめ……*116*
2 不登校の原因と学習環境……*118*
3 転校時の子どもの心理……*120*
4 海外の学校で過ごす子どもの教育……*122*
5 一般の教師にも求められる特別支援の教育の理念……*124*
6 ノーマライゼーションとインクルーシブ教育……*126*
7 補助代替コミュニケーション……*128*
8 ろう教育の歴史と手話・口話論争……*130*
9 遊び中心の幼児教育……*132*
10 幼児教育でめざすもの……*134*
11 早期教育とその功罪……*136*
12 公文式教育と到達度別学習課題……*138*
13 教育における平等主義とエリート教育……*140*
14 異文化理解の視点……*142*
15 多文化教育と異質なものとの共存……*144*
16 二言語教育……*146*
17 言語学習のパラドックス……*148*
18 イマージョン教育……*150*
19 モラル・ディレンマと道徳教育……*152*
20 価値教育とディベート……*154*
21 参加型の学習と教育……*156*
22 ゆとり教育……*158*
23 情報教育と情報リテラシー……*160*
24 批判的思考力を育成する教育……*162*

Ⅲ　教育の課題と展望

Ⅲ-1　学校とネット上でのいじめ

　2013年に施行された「いじめ防止対策推進法」によると，いじめとは，「児童生徒に対して，当該児童生徒が在籍する学校に在籍しているなど当該児童生徒と一定の人的関係にある他の児童生徒が行う心理的または物理的な影響を与える行為（インターネットを通じて行われるものを含む）であって，当該行為の対象となった児童生徒が心身の苦痛を感じているもの」と定義されている。

　数え切れないほどの数のいじめが，教育現場で今日も行われている。その形態は，子どもの年齢やそこでの人間関係によって，さまざまであるが，そこには共通する集団の構造があるといわれている。一般的には，被害者をいじめる加害者グループと傍観者グループの存在がある。つまり，被害者が一人で孤立している状態であるのに対して，加害者も傍観者も集団の中にいて，自分の意志に基づいて行動するということが少なくなってしまっている。

　社会心理学の用語に「リスキーシフト」というものがある。常日頃は，穏健な考え方を有し，節度を守って行動する人たちが，集団の中にあっては，その集団の成員が過激な発言や行動をとった場合に，それを批判的にとらえるのではなく，同調する傾向がある。そして，結果として危険性の高い行動をとってしまう場合があるという現象をさしている。

　要するに，自分ひとりで考えて行動しているときには，常識的な行動ができる人も，集団の一員として自分を位置づける場合に，自分独自の判断を停止してしまい，周囲の人たちの意見や考えに同調してしまいやすいということが示されている。

　最近では，学校現場におけるいじめだけではなく，LINE（ライン）やTwitter（ツイッター）のようなソーシャル・ネットワーキング・サービス（SNS）上でのいじめも横行している。学校でのいじめだけなら，被害者には，学校へ行かないという選択肢も残されているが，学校へ行かなくても，ネット上でのいじめなどがある場合には，被害者は文字どおり逃げ場のない精神的なストレスを被ることになる。

ネット上のいじめ対策「匿名通報アプリ」

　いじめを匿名で通報できるアプリ「Stop!t」は，2014年8月のリリース以来，13州の78校で採用されている。2,600万ドルの資金調達に成功した同社は，大学や仕事場にもユーザーを広げていく計画だ。

　カナダの少女アマンダ・トッドが自殺したのは15歳のときだった。アマンダは，胸が締め付けられるような動画をYouTubeに投稿し，そのおよそ1か月後の2012年10月10日に自殺した。その動画のなかでアマンダは，想いを綴ったカードを繰りながら，数年にわたって，クラスメートや匿名の見知らぬ人からオフラインおよびオンラインで受けてきたいじめを説明している。

　この動画は彼女の死後，口コミで広がった。YouTubeでは1,000万回以上視聴されており，コメント欄にはネットを使ったいじめを刑事罰の対象とすることの必要性について，意見が頻繁に投稿されている。

　トッド・ショベルがアマンダのニュースを初めて知ったのは，車でラジオを聴いていたときだった。そして彼は，生徒たちがいじめを匿名で通報できるアプリ『Stop!t』のアイデアを思いついた。

　2014年8月のリリース以来，Stop!tは13州の78の学校で採用されている。そしてStop!t社は2015年2月17日（米国時間），2,600万ドルの資金調達に成功したと発表した。同社はこのアプリを学校区だけでなく，大学のキャンパス，そして仕事場にも広げていく計画だ。

　インターネットの時代になり，新しいタイプのいじめが生まれている。ボタンをクリックするだけで，いつでも，どこでも，対象者にいじめを行うことができるのだ。ショベル氏はStop!tにより，いじめの被害者とそれを目撃している人たちの両方に，いじめがどこで行われていようと，いじめを追跡できる手段をもたらしたいと考えている。

（出典：いじめ抑止力が期待される「匿名通報アプリ」 きっかけは自殺した少女による告発動画，産経ニュース，2015.3.15　http://www.sankei.com/wired/news/150315/wir1503150001-n1.html，参照2016-02-08）

Ⅲ　教育の課題と展望

Ⅲ-2　不登校の原因と学習環境

　毎日の生活を送るところには，自分が安心していられる場所が必要である。家や学校，働く人にとっては仕事場，そして，頻繁に立ち寄る場所などに，人は自分の居場所を見つけ，心の安らぎを得ようとする。家には居場所があるものの，学校に居場所がないと感じる人たちにとっては，学校へ行きたいと思っても，行けない状況が発生する。

　不登校の児童生徒は，一般的には通学する学校に自分の居場所が見いだせないために，家庭にひきこもりがちになることが多い。家に居場所がある場合はまだしも，家にも居場所がなくなると最悪の場合には，自殺に至るケースも出てくることになる。最低でも，どこかに居場所を確保することが，生きていくうえでは大切であると言えよう。

　しかしながら，本人が通学を希望しているときには，それを支援するために，さまざまな方策がとられている。いわゆる別室登校とは，教室までは行けないけれど，学校内なら何とか入れるという児童生徒のために，主として保健室や相談室などで時間を過ごす登校をさす。また，学校外においても，適切なカウンセリングが受けられる場所，あるいは，適応指導教室などの存在も知られている。

　さらに，このような不登校の児童生徒を支援するため，文部科学省は，自宅において教育委員会や学校，それに公的機関や民間事業者が提供するインターネット上の学習ソフトなどを活用した学習活動を行った場合，指導要録上出席扱いとすることとし，在宅による教育も条件付きで認めようとしている。

　不登校の原因はさまざまであるが，(1)大勢の人たちがいるところでは落ち着かない；(2)自分の学力や能力にあった学習が保証されていない；(3)教師や特定の同級生に対して嫌悪感や不信感をいだくなどのケースが，多く報告されている。いずれも本人にとっては，無視することのできない重要な問題ばかりである。学校に行くことだけを目標にするのではなく，その原因を共有して，それを理解することが教師や保護者には求められる。

Ⅲ-2　不登校の原因と学習環境

■京都市子どもカウンセリングセンター企画懇話会『9つの提言』
① 「だれもが温かで親しみやすい」に応える，明瞭な「愛称」の公募を
② 「どこに行けば」に応える，丁寧な「相談案内（ガイド）機能」の創設を
③ 「安心して相談できる」に応える，的確な「カウンセリング相談体制」の強化を
④ 「みんなで支えよう」に応える，広範な「相談機関ネットワーク」の構築を
⑤ 「いつでも気軽に利用したい」に応える，柔軟な「土・日相談体制」の整備を
⑥ 「身近にできる支援をしたい」に応える，様々な「ボランティア」の拡充を
⑦ 「子どもへの関わり方を学びたい」に応える，多彩な「市民講座」の開催を
⑧ 「先生の関わりが重要です」に応える，実践的な「教員研修」の充実を
⑨ 「学校の取組が大切です」に応える，積極的な「学校相談体制確立」の支援を

（出典：京都市教育相談総合センター「こどもパトナ」　http://www.edu.city.kyoto.jp/patona/summary.html，参照2016-02-08）

■2003年に開設された京都市教育相談総合センターは，「こども相談センターパトナ」とも呼ばれる総合的な教育相談機関である。こちらは，教育相談と生徒指導のふたつの機能を併せもつだけでなく，不登校の子どもたちの活動の場である適応指導教室を一体化した日本初の施設であるとされている。その中の適応指導教室は，「ふれあいの杜」と呼ばれ，不登校の児童生徒の学びの場所を提供している。実際には，京都市内に5つの学習室が設置され，小集団での体験活動や学習活動などを通して，新たな人間関係を構築し，他者との信頼関係や自らの存在意義を感じ，学校復帰や社会適応の支援がなされている。また，京都市内の大学に在籍し，教職を目指す大学生のボランティアたちが，そのような児童生徒を支援する活動に参加している。

■「不登校への対応について」という文部科学省のウェブサイトのコーナーでは，子どもが不登校になった場合の相談場所として，以下に示す3点の助言を行っている。
(1)　まずは在籍校と十分に連絡をとる。
(2)　教育委員会が設置する「教育センター」や「教育相談所」での相談窓口の利用，または，「教育支援センター（適応指導教室）」での相談。
(3)　厚生労働省が所管する児童相談所，保健所，精神保健福祉センター等での相談。
（出典：文部科学省，http://www.mext.go.jp/a-menu/shotou/seitoshidou/04121505/004.htm，参照2016-02-21）

Ⅲ-3　転校時の子どもの心理

　親の都合などで，同じ地域で継続して教育を受けることができずに，子どもの意思にかかわらず，転校を余儀なくされる子どもは少なくない。住む家や地域の環境が変化するだけでも，その適応には時間がかかるのがふつうであるが，学童期にいる子どもたちにとっては，新しい学校に通わないといけないことから，これまでの多くの友人との関係が断たれ，新たに出会う教師と子どもたちとの間に，人間関係を構築しないといけなくなる。

　さらに，学校によっては，標準語が使用されていないところは，少なくなく，学校で使用されている言語や方言と，子どものもつ言語や方言が異なるときには，さらに，深刻な精神的ストレスが経験されるのがふつうである。また，学校には，それぞれの学校文化が存在する。たとえば，給食を食べるときの机の配置や，黙って食べるのが望ましいと思われているのか，子ども同士でいろいろな話を活発にして給食を食べるのがよいのかなどは，それぞれの学校やクラスによって違いが生じる。また，掃除の仕方や，学級内での役割分担，制服着用の規則など，学校による違いは数多く存在する。

　右のページに示された小泉（1986）の研究では，転校後3か月間に，新たな学校に適応する子どもたちの様子が示されている。しかし，その適応の様子は一様ではなく，比較的に困難を感じずに早期に適応できる子どももいれば，新たな環境への適応に大きな困難を示す子どもも存在する。

　転校生を受け入れるときの学校側の対応，とりわけ担任の教師の対応においては，留意すべきことがいくつかある。たとえば，転校生に自己紹介をした後で，同じような体験をした子どもに，自分の体験談を話させるとか，自分が転校したとしたら，どのような不安な気持ちになるか，などのクラスへの問いかけなどがあってもよい。転校時には，即座には他の児童生徒と同じ行動ができないことから，転校してきた子どもはいじめの対象になる可能性すらある。教師のちょっとした心遣いで，クラスの子どもたちの気持ちを，転校生に対して受け入れやすい態度を取らせるかどうかに関しても，影響力があると考えられる。

III-3　転校時の子どもの心理

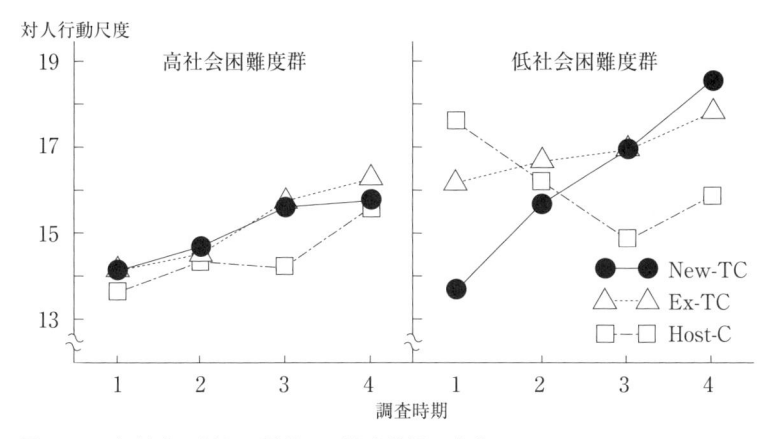

図III-1　転校生の新しい学校への適応状況の変化（小泉，1986より改変）

■小泉（1986）は，小学校三年生から六年生までの児童235名を対象に，転校児童の新しい学校への適応過程を質問紙調査により研究している。上記のグラフの横軸は，転校後3か月の間の4回の測定時期を示す。また，縦軸は，対人交流尺度と呼ばれるもので，学校への適応の目安となっている。●印の折れ線が転校生を，△印が1年前の転校生，□印は，その他の一般児童の結果を示している。左のパネルは，質問紙で測定された社会的困難度の高いグループ，右のパネルは，その得点が低いグループの結果である。転校生は，転校後少しずつ新しい環境に慣れていることが示唆されているが，とりわけ，社会困難度の低い子どもたちが，転校後3か月の時期に，急速に適応していく過程が示された。

Ⅲ-4　海外の学校で過ごす子どもの教育

　外務省が発表した「海外在留邦人調査統計」によると，2013年10月1日時点での海外在留邦人（原則として3か月以上の滞在者）の数は，およそ126万人に達し，過去最高を更新したとされている。そのうち小学生と中学生にあたる学齢期の子どもたちの総数は，7万人を超え，地域別には，アジア，北米，欧州などに滞在する数が多くなっている。高校生や就学前の子どもの数は，ここでは把握できていないが，おそらくそれらの数を合わせると，海外で暮らす日本人児童生徒の数は，10万人を超えることが予想される。

　人生のある時期を海外で生活することの意義は，非常に大きいといえる。しかし同時に，日本とは異なる文化や言語環境に身を置くことは，当然のことながら心理的なストレスや不安がつきまとうことになる。経験的には，年少の子どもたちでは，第二言語の習得がはやく，母語話者のような発音を比較的容易に身につけることなどが知られているが，だからと言って，子どもたちの適応には問題がないと考えるのは間違いである。

　右ページのグラフに示す，在籍する学校の種類からわかるように，近年では，日本人の中学生が日本人学校や補習校に通う割合が減少し，現地校や国際学校に在籍するものの数が増加している。つまり，現地のことばや英語での授業を子どもが受けないといけなくなり，これまで使用していた日本語は，もはや学校生活では使用しないことになり，本人たちからすると，役に立たない言語という認識をもち始める可能性が高い。

　英語圏の国などでは，ESL (English as a Second Language) と呼ばれる英語を母語としない子ども向けの英語習得のクラスが用意されることがあるが，一般的には，そのような支援のみでは，学校で教わる内容をすべて理解するようになることは難しい。とりわけ，小学校の3年生以上では，カリキュラムの内容も抽象的なものが増えるため，教師の言語による説明だけでは，子どもが理解することが難しくなる。年少時には，比較的早く子ども同士の日常会話や普段のやり取りに困難を感じない子どもであっても，学業内容を理解するための外国語の習得には，余分の時間と努力が必要となる。

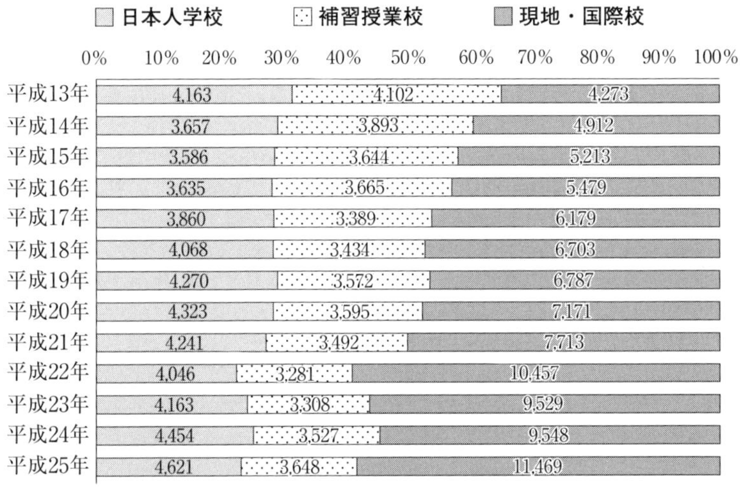

Ⅲ-4　海外の学校で過ごす子どもの教育

	日本人学校	補習授業校	現地・国際校
平成13年	4,163	4,102	4,273
平成14年	3,657	3,893	4,912
平成15年	3,586	3,644	5,213
平成16年	3,635	3,665	5,479
平成17年	3,860	3,389	6,179
平成18年	4,068	3,434	6,703
平成19年	4,270	3,572	6,787
平成20年	4,323	3,595	7,171
平成21年	4,241	3,492	7,713
平成22年	4,046	3,281	10,457
平成23年	4,163	3,308	9,529
平成24年	4,454	3,527	9,548
平成25年	4,621	3,648	11,469

図Ⅲ-2　海外で生活する日本人中学生（長期滞在者）の推移と在籍する学校
(出典：外務省領事局政策課「海外在留邦人数調査統計平成26年版」，2014，p. 46　http://www.mofa.go.jp/mofaj/files/000074681.pdf，参照2016-02-08)

■平成21年以降の国別（上位7位）在留邦人数の推移

	平成21	平成22	平成23	平成24	平成25
米国	384,441	388,457	397,937	410,973	412,639
中国	127,282	131,534	140,931	150,399	135,078
オーストラリア	71,013	70,856	74,679	78,664	81,981
英国	59,431	62,126	63,011	65,070	67,148
カナダ	52,890	54,436	56,891	61,854	62,349
タイ	45,805	47,251	49,983	55,634	59,270
ブラジル	59,627	58,374	56,767	55,927	56,217

(出典：上記資料に同じ，参照2016-02-21)

Ⅲ 教育の課題と展望

Ⅲ-5　一般の教師にも求められる特別支援の教育の理念

　1998年4月から施行の「小学校及び中学校の教諭の普通免許状授与に係る教育職員免許法の特例等に関する法律」に基づき，小・中学校の教育職員免許状取得には介護等の体験を行うことが義務付けられている。この法律は，教員志望の学生に，特別支援学校と高齢者施設などの社会福祉施設での介護等の体験を7日間行わせるものである。その趣旨は，高齢者やいわゆる障がい者などの社会的弱者についての理解を深め，相手の立場に立ってかかわることを体験し，共に生きる社会を実現する役割を自覚し，児童生徒の指導にそれを生かしていくことをねらったものである。

　本著の「Ⅲ-6　ノーマライゼーションとインクルーシブ教育」の項目でも言及されているように，いわゆる障がいのある子どもたちが，特別支援学校ではなく，普通学校に通うことは，大いに意味のあることである。そのようなときに，彼らの指導にあたる一般の教員が，特別支援の知識や指導方法をまったく持ち合わせていないとなると，たちまち困ったことが生じる。

　そもそも特別支援教育の考え方は，個別の教育的ニーズのある児童生徒に対して，その教育的ニーズに的確に応える指導を提供できる仕組みや環境を整えることである。障がいのある児童生徒は特別支援学校で教育するというのではなく，多様で柔軟な教育の仕組みを整備することが重要である。障がいの有無は，容易に判断されることではなく，その診断に用いられる発達や心理のテストの結果では，一般的には，連続的な数値のどこかで便宜的に線を引き，その値で，障がいの有無を診断するようなことが多い。

　人間は，障がいの有無にかかわらず，一人ひとりは，他人ではとって代われない個性的な存在そのものであり，それぞれの個性と志向性を有している。その一人ひとりを大切にする教育の基本は，特別支援の中にこそあるといっても過言ではない。

　障がいをもつ子どもにとって望ましい指導ができる教員は，一般の子どもたちにとっても望ましい教育ができる資質を備えているといえよう。

Ⅲ-5　一般の教師にも求められる特別支援の教育の理念

「共生社会の形成に向けたインクルーシブ教育システム構築のための
特別支援教育の推進（報告）」

○ インクルーシブ教育システム構築のため，すべての教員は，特別支援教育に関する一定の知識・技能を有していることが求められる。特に発達障害に関する一定の知識・技能は，発達障害の可能性のある児童生徒の多くが通常の学級に在籍していることから必須である。これについては，教員養成段階で身に付けることが適当であるが，現職教員については，研修の受講等により基礎的な知識・技能の向上を図る必要がある。
○ すべての教員が多岐にわたる専門性を身に付けることは困難なことから，必要に応じて，外部人材の活用も行い，学校全体としての専門性を確保していくことが必要である。
（出典：中央教育審議会（平成24年7月）の報告における「5.特別支援教育を充実させるための教職員の専門性の向上等」の〈(1)教職員の専門性の確保〉の項目の抜粋）

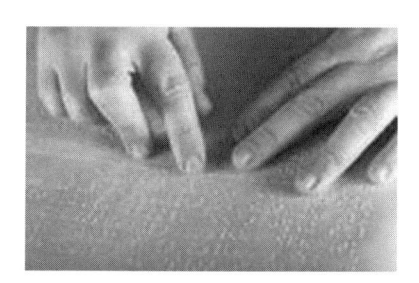

図Ⅲ-3　点字図書を指の触覚で読んでいく視覚障がい者と缶入り飲料の上面の写真
▶日本点字は，五十音の清音を2×3のマトリックスからなる六つの点の凸凹で構成される。隆起印刷が可能になったことで，児童向けの雑誌なども登場している。

Ⅲ-6 ノーマライゼーションとインクルーシブ教育

いかなる障がいがあったとしても，通常の社会から隔離されたり，普通の学校に通えないという状況では，それは望ましい社会とは考えられない。ノーマライゼーションの理念とは，障がいのある人たちを特別視するのではなく，一般的な社会の中で普通の生活が送れるように条件を整えないといけないとするものである。

教育の現場においても，障がいのある子どもたちが，特別な学校に通い，一般の子どもたちと日常的に触れ合う機会がないとすると，これは改善しないといけない状況であるといえる。

右のページに示す国連の「障がい者の権利に関する条約」の第24条では，「インクルーシブ教育システム」とは，人間の多様性の尊重等の強化，障がい者が精神的および身体的な能力等を可能な最大限度まで発達させ，自由な社会に効果的に参加することを可能とするとの目的の下，障がいのある者と障がいのない者が共に学ぶ仕組みであり，障害のある者が一般的な教育制度から排除されないこと，自己の生活する地域において初等中等教育の機会が与えられること，個人に必要な合理的配慮が提供される等が必要とされている。

障がいのある子どもが，住んでいる地域を離れて遠くの特別支援学校へ通学しないといけないケースなどは，この理念の反することになる。インクルーシブ教育システムにおいては，同じ場で共に学ぶことが重要である。また同時に，個別の教育的ニーズのある幼児児童生徒に対して，その時点で教育的ニーズに最も的確に応える指導を提供できる，多様で柔軟な仕組みを整備することも重要である。そのためには，小学校や中学校における通常の学級，通級による指導，特別支援学級など，選択可能な多様な学びの場を用意しておくことが重要であるといえる。

もっとも，障がいある子どもが，一般の普通校に行けば，問題がすべて解決されるはずのものでもない。それぞれの障害に関して，専門的な知識や教育方法を身につけた教員の果たすべき役割は，今までにも増して大きいものがあるともいえる。

Ⅲ-6 ノーマライゼーションとインクルーシブ教育

国連の障がい者の権利に関する条約について

概要：障がい者の尊厳，自律及び自立，差別されないこと，社会参加等を一般原則として規定し，障がい者に保障されるべき個々の人権及び基本的自由について定めた上で，これらを確保し促進するための措置を締約国がとること等を定めている。

経緯：平成18年12月に国連総会において採択され，翌年9月に日本国も署名，平成20年5月に発行しているが，日本は批准できていないままで時間が経過している。文部科学省としては，可能な限り早期の締結を目指して必要な国内法令の整備を図るとしている。(「重点施策実施5か年計画」(平成19年12月25日障害者施策推進本部決定)より)

教育関係の主要な条文：

第24条

1　締約国は，教育についての障害者の権利を認める。締約国は，この権利を差別なしに，かつ，機会の均等を基礎として実現するため，次のことを目的とするあらゆる段階における障害者を包容する教育制度(an inclusive education system)及び生涯学習を確保する。(後略)

2　締約国は，1の権利の実現に当たり，次のことを確保する。

(a) 障害者が障害を理由として教育制度一般から排除されないこと(not excluded from the general education system)及び障害のある児童が障害を理由として無償のかつ義務的な初等教育から又は中等教育から排除されないこと。

(出典：文部科学省「障害者の権利に関する条約について」http://www.mext.go.jp/b_menu/shingi/chousa/shotou/054/shiryo/08081901/008.htm，参照2016-02-08)

Ⅲ-7　補助代替コミュニケーション

　私たちは，音声言語でのコミュニケーションを当たり前のことと考えているが，なんらかの障がいで声が出ない人たち，相手の言っていることばの意味が理解できないという人たちが，この世の中にはたくさんいる。そんな場合のコミュニケーションに，役立つのが右のページに示すような視覚シンボルである。

　補助代替コミュニケーションとは，音声言語でのコミュニケーションが困難な人たちのために開発された，意思伝達のさまざまな方法をさす用語である。英語では，Augmentative and Alternative Communication と呼ばれることから，その頭文字をとって AAC と省略されることがある。

　これらのコミュニケーションの方法の中には，道具を必要としない手話やジェスチャーなども含まれる。右のページのような視覚シンボルを用いる場合には，タブレットやパソコンなどの情報機器，あるいは，カードやシール，アルバム式の視覚シンボル集などが準備されることになる。

　手話は言語であるため，学習する必要があるのに対して，視覚シンボルは，初めて見る人にも比較的わかりやすくデザインされているため，一般的には，学習に多くの時間を必要としない。私たちが海外に出かけたときなどに，言語が理解できなくても，このような視覚シンボルが示されていると，多くのことが理解できることになる。

　すなわち，このような補助代替コミュニケーションの多くは，とくに障がいをもたない人たちにも，さまざまな場面での生活を容易にしてくれる可能性を秘めている。知らない場所に出かけるときの道案内，初めて使用する機械の操作方法，文字にすると表示が細かくて読みづらくなるような情報などが，数少ない視覚シンボルで表現されることは珍しくはない。ただし，これらの視覚シンボルが，いわゆる障がいのある人たちすべてに役立つわけでもない。使用する個人の認知能力，運動能力，さらには，誰かとコミュニケーションにケーションをとろうとする対人的な関心や社会性の能力なども見極めて，適切な補助代替コミュニケーションの方法を準備していく必要がある。

Ⅲ-7 補助代替コミュニケーション

図Ⅲ-4 カナダのマハラジ氏が考案したピクトグラムを用いたコミュニケーションのツール（図のシンボルは，カナダのマハラジ氏から提供）
▶たとえば，病院に運ばれてきた患者が音声でコミュニケーションをとれないときに，「呼びたい人は誰？」と尋ねるときには，左のパネルの視覚シンボルが役立つ。右のパネルのシンボルは，「病院で必要なもの」を表現したもので，入院患者のコミュニケーションで使用頻度の高いものが集められている。このような視覚シンボルを併用することにより，意思伝達が容易に確実になされる場面は少なくない。

　上記の例と同じように，たとえば，特別支援学校の幼稚部で準備しておけば役に立つピクトグラムや，海外から来た児童・生徒とのコミュニケーションに役立つピクトグラムなど，特定の目的や用途に適した内容のシンボルを予め準備しておくと，教育現場でも有効なコミュニケーション・ツールとなる。

Ⅲ-8　ろう教育の歴史と手話・口話論争

　耳の聞こえない子どもに対して，音声言語で教育すべきか，あるいは，手話を用いて教育をすべきかという議論には，200年以上の歴史がある。18世紀の中ごろ，フランスに移民したペレールというスペイン人が，ろう児の妹を教育した経験をいかし，指文字と読唇術*を用いて，ろう教育を行っていたという記録が存在する（川本，1981）。また，フランスのパリ聾唖学校では，そこに勤務するイタールという医師が，1805年から耳の聞えない6人のろう児を相手に，手話をまったく使わずに，口話による教育を始めたと伝えられている。しかしながら，イタールは晩年になって，手話こそ「ろう者の自然言語」であると，確信するようになったとされている**。

　一方，ドイツでは，18世この後半に，音声言語でろう児を教育する口話主義のろう学校が，ライプチッヒに設立された。さらに，アメリカ合衆国では，1817年にハートフォード聾学校が設立され，そこでは，フランスより導入した文法的手話法が用いられ，言語指導が行われたとされている（川本，1981）。

　日本における，ろう教育の始まりは，1876年に京都の算術の教師，古河太四郎が近隣に住む二人のろう児に教育を行い，その後，1878年に半官半民の盲唖院を設立，翌年，これが京都府立盲唖院と改称された。現在の京都府立ろう学校の前身である。その教授法は，手真似や手話を用いた「手勢法」と呼ばれるものであった。日本では，ごく最近まで，口話法中心の教育がなされてきた。しかし，日本手話が日本語とは独立したひとつの言語であり，高度な文法を備え，語彙も次第に増え，ろう者の母語であることが認められるようになり，日本のろう学校においても手話の導入が進められているというのが現状である。

　現在では，手話の使用がその後の音声言語の習得にもプラスに作用し，十分なコミュニケーションを手話で経験している子どもたちは，対人関係などの社会性の発達についても，好ましい面が広く認められることが知られてきている。また，ろう者にも書きことばの習得は不可欠であるが，音声言語の獲得なくして書きことばの習得が可能かどうかについても重要な議論がある（井上，2012）。

Ⅲ-8 ろう教育の歴史と手話・口話論争

図Ⅲ-5 全財産を投じてパリに世界で最初のろう学校を設立したとされるド・レペ（Charles-Michel De L'Epee）
▶彼は、「ろう者の父」として世界的に知られ、その学校は、その後に設立された多くのろう学校のモデルとなった。彼は、ろう者に自然発生的な手話を用いて教育をしようとしたが、後に、フランス語の語法に合うような方法的手話を考案したとされている。（出典：アメリカ合衆国のギャローデット大学所蔵より）

［左ページ注］
＊読唇術は、現在では、読話（speech reading）と呼ばれているが、口話法の重要な要素を構成している。
＊＊手話をめぐる大論争については、アメリカの言語心理学者、ハーラン・レインの〈Lane, H. *The wild boy of Aveyron*. Harvard Universiy Press, 1976〉に詳しい記述がある。この著書は、『アヴェロンの野性児研究』（中野善達訳編、1980）というタイトルで福村出版から刊行されている。

131

III-9　遊び中心の幼児教育

　子ども自らが行う自発的活動としての遊びは，幼児期特有の学習形態でもある。仮に同じような活動をしているときでも，大人から指示されてみんなで決まった遊びをする場合と，子どもたちが自らの興味関心から展開している遊びでは，その意味合いは大きく異なっている。後者の自発的な遊びこそが，子どものさまざまな発達を促進させ，人間としての魅力を形成させる。子どもは遊びを通して，基本的な運動能力や認知能力を身につけていくだけでなく，友だちや周囲の大人とかかわりあっていく中で，他人の気持ちを読み取る能力や，自分の感情を抑えて我慢する態度など，さまざまな社会性も発達させていくことになる。

　多くの子どもは，一般的な大人と違って吸収していく力が強いので，ピアノや水泳，それに外国語を教えても，その目に見える成果や教育の効果が大きいように思われる。もちろん，これまでにできなかったことができるようになることは歓迎すべきことではあるが，だからといって，吸収すべき学習材料を，周りの大人がすべて用意して，子どもの選択の自由をなくしてしまうと，幼児期特有の自発的活動としての遊びがみられなくなる。小学校にあがれば，嫌でも毎時間決められた内容の勉強をすることになるのだから，幼児期には，十分な自発的活動としての遊びを保障していくことが必要である。

　一方では，あまりにも大きな環境の変化は，なかなか適応していくことが難しい。子どもが幼稚園や保育所から小学校に上がるときに，その生活環境が突然に変化して，子どもたちが不適応を起こすようなことになれば，子どもが本来持っている能力を伸ばすことができなくなる。そのような理由から，最近では，幼小連携という名のものにさまざまな取り組みが行われている。比較的自由な雰囲気の中での遊びを中心とした教育や保育が行われていた就学前教育と，時間を区切られての教科の学習が始まる小学校教育との，スムーズな移行のためにも，両者の密接な連携が求められることになる。

Ⅲ-9 遊び中心の幼児教育

①一人遊び　　　　　　　②並行遊び

③室内での連合遊び 　　　④砂場での共同遊び

図Ⅲ-6　子どもの遊び（写真提供：秋田大学の山名裕子氏）
▶心理学の領域では，一人遊び①から，並行遊び②，連合遊び③，共同遊び④へと発達していくといわれる。自分ひとりの興味関心から遊びを展開していくことは，その後の学習の基礎力の育成の上でも，重要な意味をもつと考えられる。同時に，周りの子どもたちとうまくかかわっていく中での遊びは，これまでの自分の行動パターンをこえる行動を身につけたり，周囲と協調していく社会性を身につけたりするうえでも，重要だと考えられる。

Ⅲ-10　幼児教育でめざすもの

　一人ひとりの個性や可能性を伸ばすこと，友だちや先生とかかわるなかで，社会性や道徳性を発達させること，そして小学校以降の生活や学習の基盤を育成することなどが，幼児教育でめざすものだと考えられる。
　幼児期教育の特徴は，教師がことばで知識を教えていくのではなく，子どもが遊びのなかでさまざまなことがらを学んでいくことにある。小学校での典型的な教育の形態は，教科書や黒板に象徴されるように，言語を媒介にして，抽象的な知識や技能が子どもに伝達されていく。それに対して，幼稚園では，子どもが具体的な体の動きや友だちとのかかわりのなかから，自分で考え，自分で工夫することにより，思考力や言語力，表現力を身につけていくことになる。
　発達的にみて，年少の子どもたちにとっては，抽象的な概念やことばの理解が難しい。したがって，時間がかかっても具体的な活動を何度も繰り返すことによって，そこから一定の規則を見つけ出したり，より高度な技能を身につけたりすることができるようになる。しかも，それらは，誰かから教えられるというものではなく，ときには他者の行動を模倣しながら，自らが必要とするものを習得していく。
　多くの場合，幼稚園での活動は，子どもひとりで行われるのではなく，友だちや教師が存在する状況で行われる。そのような場面では，ときには，自分の思いが通らない，我慢しなければならない，嫌でもみんなと強調しなければいけない，といった心理的な葛藤も経験することになる。そのようなことをとおして，知らず知らずの間に，社会性や道徳性が身につき，社会生活を円滑に営めるような技能が身についてくる。
　大人になってから，対人関係がうまくとれない，あるいは社会的適応がなかなかできない人たちのなかには，おそらくこの幼児期において，他者と十分なかかわりをもてなかった，あるいは，遊びを十分経験していなかった可能性が否定できない。

Ⅲ-10　幼児教育でめざすもの

■**幼児期における教育の重要性**（中央教育審議会答申より）

【人の一生における幼児期の重要性】
○ 人の一生において，幼児期は，心情，意欲，態度，基本的生活習慣など，生涯にわたる人間形成の基礎が培われる極めて重要な時期である。幼児は，生活や遊びといった直接的・具体的な体験を通して，情緒的・知的な発達，あるいは社会性を涵養し，人間として，社会の一員として，より良く生きるための基礎を獲得していく。

【幼児期における教育の重要性】
○ また，幼児期は，知的・感情的な面でも，また人間関係の面でも，日々急速に成長する時期でもあるため，この時期に経験しておかなければならないことを十分に行わせることは，将来，人間として充実した生活を送る上で不可欠である。
　　したがって，我々大人は，幼児期における教育が，その後の人間としての生き方を大きく左右する重要なものであることを認識し，子どもの育ちについて常に関心を払うことが必要である。

（出典：中央教育審議会答申（平成17年1月28日）「子どもを取り巻く環境の変化を踏まえた今後の幼児教育の方向性」　http://www.mext.go.jp/b_menu/shingi/chukyo/chukyo 0 ／toushin／05013102／002.htm．参照2016-02-08）

Ⅲ-11　早期教育とその功罪

　子どもの意思にかかわらず，周りの大人の意向で，一般の子どもたちより早い時期から，さまざまな教育活動を開始することを早期教育と呼ぶ。たとえば，文字は小学校へ通うようになってから習い始めるのが一般的であるが，幼児期から難しい漢字をカードを用いて機械的に覚えさせたり，音楽やスポーツを定期的に習わせたりすることなどが，日本では早期教育として行われている。

　学校教育で画一的に教育をすることの弊害は，子ども一人ひとりの興味や能力の個人差を考慮せずに，あらかじめ決められた時期に，それぞれの単元を学習することが求められることである。効率の良い理想的な教育は，子ども一人ひとりの発達に合わせて，適切な時期に適切な刺激を与えることである。そういった意味では，小学校に入るまで，何かを教えてはいけないという論理は成り立たない。絶対音階や外国語の正確な発音は，幼い時期を逃すと学習しにくいということは経験的に知られている。

　また，一般の他の子どもたちよりも，特定のことができることで子どもの自信につながり，より意欲的な学習活動が持続するということも。早期教育のメリットと考えられる。さらには，子どもの技能が向上することを確認することにより，親は達成感を味わい，子育ての励みになるという側面も否めない。

　しかし，早期教育のデメリットとしては，あまりにも厳しい指導や訓練により，子どもが自発的に自由に遊べる時間を奪ってしまうだけでなく，場合によっては，難しすぎる課題が子どもの自信をなくさせたり，心理的なストレスで子どもがさまざまなことに興味や関心を示さなくなり，与えられた課題しか，自ら取り組もうとしないなどの行動がみられることもある。

　早期教育により，子どもの特定の技能を高めることは，決して悪いことではないが，その内容の選び方，その指導方法，さらには子どもの学習過程での反応には，十分留意しないといけない。親や周りの大人の意思だけで，早くから何もかも与えるような節操のない早期教育は，子どもの発達の可能性を伸ばすというよりは，むしろ子どものもつ多くの芽を摘んでしまう危険性がある。

Ⅲ-11　早期教育とその功罪

■早期教育の時期とそれぞれの内容と特徴

胎児期の教育	胎児期の子どもの脳に刺激を与える活動をとおして，子どもの発達を促そうとする試み
乳児期教育	乳児期，あるいは，3歳までをさまざまな学習の敏感期ととらえ，子どもの脳に刺激を与える活動をとおして，特別な才能を導き出そうとする試み
幼児（就学前）教育	小学校で学ぶカリキュラムを先取りして，文字の読み書き，計算，外国語教育などを行うこと
早期就学	日本では4月2日の時点で6歳になる子どもが小学校に入学する制度が確立しているが，諸外国では，小学校の就学年齢を標準よりも1年程度早くしたり遅くしたりする制度を持つ学校もある。同年齢の子どもたちよりも進んだ教育を受けるという意味では，早期教育の一つとみなされる。広義には飛び級なども含まれる
早修	就学後に通常の学年に在籍したままで，一般の子どもたちと比べて，高度な内容を学習すること。子ども一人ひとりの能力レベルに合った学習課題を与える方法などが用いられる。学習の速さには個人差があるため，方法を工夫すれば，無理のない学習が可能である

Ⅲ　教育の課題と展望

Ⅲ-12　公文式教育と到達度別学習課題

　教育内容を難易度別に細かく分け，簡単なものから難しいものへと徐々に勉強していくことは，学習を効率よく効果的に進めていくうえで重要なことである。元高校教師であった公文公が，もともとは算数や数学の教材で，難易度別の問題をプリントにまとめて，子どもに学習材料として提供したことが，公文式教育の始まりといわれている。学習者個別のニーズに合わせて，学年とは関係なく学習していく方法が広く受け入れられているともいえる。現在，公文式の教室は，世界でおよそ25,000を数えるといわれている。また，そのような学習をしている児童生徒数は，440万人に上るともいわれている。

　このように一人ひとりの学習到達度によって，次に学習すべき学習すべき課題が提示され，その回答に対する答えにフィードバックを与える方法は，一時期，コンピュータ学習にも広く採り入れられた。

　現在の学校教育の主流の教育方法は，到達度別クラスを編成しないで，学年進行で一斉授業の形態で，画一的に教育内容を子どもたちに教授する。子どもたちが理解したかどうかについては，適宜テストによって測定されるが，個別に理解ができていないところを補習復習する制度は，必ずしもできあがっていない。そのようなことから，基礎的なカリキュラムの内容が理解できないまま，次の単元に進むことが多くなり，数学や英語のように，積み重ねが大切であるという教科においては，学習者の多くが，その教科に拒否感を示すことになる。基礎的な部分でつまずいているにもかかわらず，さらに高度な内容が学習しないといけない項目として提示されるためである。

　能力別クラスや到達度別クラスの編成には，教育現場に差別や選別を持ち込むことになるという批判が強いが，その制度は工夫することによって，学習者の大きな利益になることが予想される。たとえば，到達度別クラスを固定的に設定するのではなく，個人が選択できるものとし，もちろん，教科ごと，あるいは，単元ごとにクラスを設定する配慮があってもよい。一人ひとりの学習の速度は，当然，その時期によって，あるいは，学習内容によって異なることが予想されるため，柔軟な教育方法の設定が望まれる。

板橋区でふりかえり学習教材の作成がスタート

　東京都板橋区教育委員会は，区立の全小中学校でフィードバック学習方式を導入することを決めた。児童・生徒に対して「学習ふりかえり調査」を行い，弱点を補強する教材を渡し復習させることで学力の向上をはかる。

　「学習ふりかえり調査」の対象は，小学5年生と中学2年生。それぞれ，小4／中1までに習った内容から出題される問題にチャレンジし，誤答の内容を分析。児童・生徒ひとりひとりのつまずいた箇所を把握し，個人ごとに復習のための個票を作成し配布する。個票の内容は，1．問題内容／2．あなたの回答／3．正誤／4．ふりかえりのポイント／5．ふりかえり問題　となっており授業や家庭学習で役立てる方針。

　ふりかえり調査の問題は，小学5年生向けが(1)漢字(2)数と計算(3)国語（言葉のきまりなど）(4)算数（量と測定など），中学2年生向けが(1)漢字(2)数・文字・方程式と計算(3)国語（文法など）(4)数学（文章題など）(5)外国語（英語）となっている。専門業者と，板橋区教委指導室，小中学校の副校長らで構成されるフィードバック学習方式検討会で問題内容が決められた。同検討会で調査結果の分析方法も検討。

　児童・生徒個人ごとにフィードバック教材を作成し復習させるのは，都内でも数少ない試みだ。

（出典：「教材新聞　Kyozai Shinbun web」．2009.9.4　http://www.kyozaishinbun.com/article/news/01/02/post_565.html．参照2016-02-08）

Ⅲ 教育の課題と展望

Ⅲ-13　教育における平等主義とエリート教育

　社会のなかで優秀とされる一握りの指導的な役割をもつ人間や集団のことをエリートと呼ぶ。そのような人たちのための教育はエリート教育と呼ばれる。

　社会に出ると，人々は，いろんな役割を担うことが要求されることになる。けっしてあるタイプの人たちだけが優秀で，他の人たちが劣っているという序列が，教育によって作り出されるのは，基本的には間違っている。

　ただし，たとえば，会社の組織にしろ，政治の世界にしろ，指導者の養成というのがあっても悪くない。特権の維持のために，特権をもつ階層が特別な教育を受けるのではなく，社会がうまく回るために指導者の養成が必要だという考え方は，ある程度の賛同が社会でも得られるのかもしれない。

　日本では，教育における過度の平等主義が，エリート教育を妨げているという主張はよく聞かれる。特定の私学が，学業成績の優秀な子どもだけを集めて，いわゆる偏差値の高い大学受験に備えるための学力を身につけさせている事実は，一種のエリート教育とみなされがちである。

　ただ，真のエリートが，そのような教育だけで育つかどうかには，大きな疑問がある。仮にエリートが指導者だと定義するとして，ペーパーテストで判断できるだけのいわば詰め込み教育に適した人材が，指導者だと呼べないことは，多くの人たちの同意を得るところだろう。

　おそらく真の指導者には，いわゆる対人コミュニケーション能力や，さまざまな人たちの特性を見極めて，適材適所に人員を配置する能力なども必要になる。もちろん，そのためには，他者の気持ちを理解して，仲間と協調する力も必要となる。そのようなことが，学業成績だけが優秀な同じような集団のなかで，教育を受けた人たちに求めることには，無理があるように感じられる。

　みんなが同じ内容の教育を受けないといけないという考えは，現実的ではないにしろ，少なくとも，どのような教育を受けられるかについては，事実上の選択権が子ども側にないといけない。

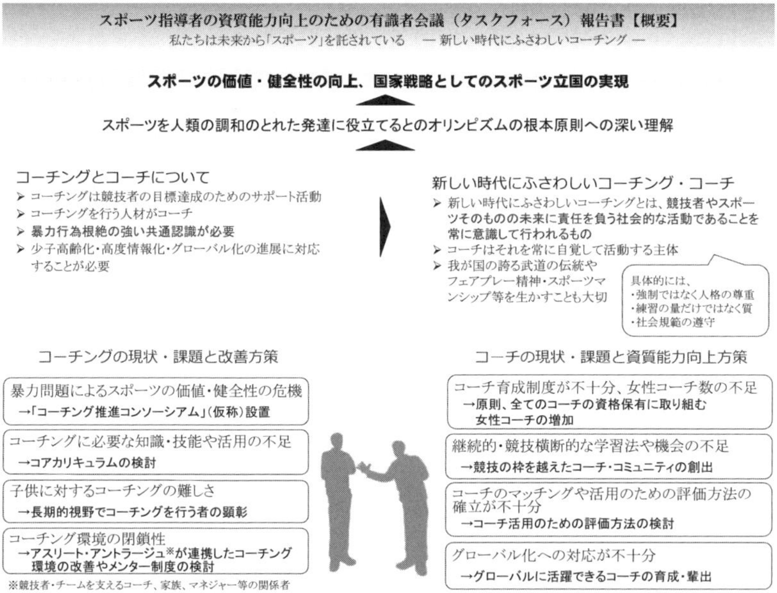

Ⅲ-13　教育における平等主義とエリート教育

スポーツ指導者の資質能力向上のための有識者会議（タスクフォース）報告書【概要】
私たちは未来から「スポーツ」を託されている　── 新しい時代にふさわしいコーチング ──

スポーツの価値・健全性の向上、国家戦略としてのスポーツ立国の実現

スポーツを人類の調和のとれた発達に役立てるとのオリンピズムの根本原則への深い理解

コーチングとコーチについて
- コーチングは競技者の目標達成のためのサポート活動
- コーチングを行う人材がコーチ
- 暴力行為根絶の強い共通認識が必要
- 少子高齢化・高度情報化・グローバル化の進展に対応することが必要

新しい時代にふさわしいコーチング・コーチ
- 新しい時代にふさわしいコーチングとは、競技者やスポーツそのものの未来に責任を負う社会的な活動であることを常に意識して行われるもの
- コーチはそれを常に自覚して活動する主体
- 我が国の誇る武道の伝統やフェアプレー精神・スポーツマンシップ等を生かすことも大切

具体的には、
・強制ではなく人格の尊重
・練習の量だけではなく質
・社会規範の遵守

コーチングの現状・課題と改善方策

暴力問題によるスポーツの価値・健全性の危機
→「コーチング推進コンソーシアム」（仮称）設置

コーチングに必要な知識・技能や活用の不足
→コアカリキュラムの検討

子供に対するコーチングの難しさ
→長期的視野でコーチングを行う者の顕彰

コーチング環境の閉鎖性
→アスリート・アントラージュ※が連携したコーチング環境の改善やメンター制度の検討

※競技者・チームを支えるコーチ、家族、マネジャー等の関係者

コーチの現状・課題と資質能力向上方策

コーチ育成制度が不十分、女性コーチ数の不足
→原則、全てのコーチの資格保有に取り組む女性コーチの増加

継続的・競技横断的な学習法や機会の不足
→競技の枠を越えたコーチ・コミュニティの創出

コーチのマッチングや活用のための評価方法の確立が不十分
→コーチ活用のための評価方法の検討

グローバル化への対応が不十分
→グローバルに活躍できるコーチの育成・輩出

図Ⅲ-7　「スポーツ指導者の資質能力向上のための有識者会議報告書」

▶社会で必要とされる指導者には、さまざまなタイプのものがある。たとえば、この図に示すようなスポーツ指導者の場合、そこで求められるものは、医師や政治家に求められるものとは、明らかに異なっている。当然、世襲制は意味をもたない。
（出典：文部科学省「（タスクホース）報告書」http://www.mext.go.jp/component/b_menu/shingi/toushin/__icsFiles/afieldfile/2014/06/12/1337252_01.pdf，参照2016-02-08）

Ⅲ-14　異文化理解の視点

　文化とは，人間が創り上げてきた有形無形の産物で，人間の生き方や生活に大きな影響を与えるものである。一括りに人間といっても，世の中にはさまざまな人間が存在する。高齢者にとって，若い人たちの考えが理解できないことは少なくない。また，多くの男性は女性の気持ちを理解することに苦労することがある。さらには，唯一の神を信じている人たちにとっては，たとえば，日本古来の多神教は，なかなか理解ができないものともいえる。

　このように，異文化とは，単に異なる国では異なる考えや生活様式をとっているという国レベルのことではなく，世代や性別，宗教，出身国，生活する地域の環境，教育歴などによっても，考え方や価値観が変わる。そして，挨拶の仕方，食事のとり方，衣服の好みや，コミュニケーションの様式まで，幅広く影響を受けることになる。

　異文化理解とは，他者のもつ文化を，「わけのわからないもの」と片付けてしまうのではなく，相手の考え方や行動を，できるだけ理解しようとするところから始まる。

　文化人類学の研究方法としては，文化にアプローチする方法が，大きく分けて二つ存在するといわれている。その一つは，エティック（etic）な視点のアプローチで，もう一つは，イーミック（emic）な視点のアプローチといわれている。前者は，ある文化や社会のシステムを，外側からよそ者の視点で，どちらかというと客観的にとらえようとするのに対して，後者は，その文化に規定されて行動している人間の視点から，つまり内側からとらえようとするアプローチをさす。

　他国の文化を知ろうとすると，その国に居住することでより深い理解が可能になる。最初は，外側からの視点で，その文化をとらえていても，しばらく住んでみると，その印象や意味合いが自分のなかで変化していくことは珍しくない。複数の文化を経験することから，双方の文化をより客観的に把握できるという側面があるのは間違えのない事実である。

Ⅲ-14 異文化理解の視点

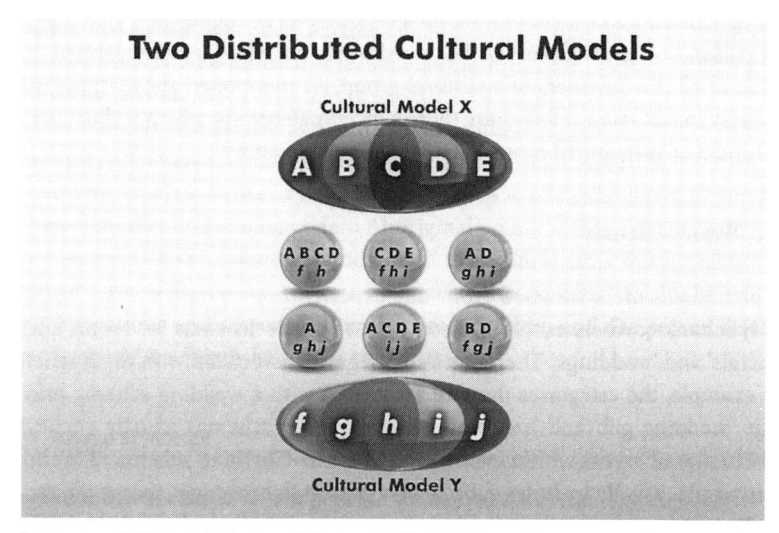

Two Distributed Cultural Models

Cultural Model X

A B C D E

ABCD　　CDE　　AD
f h　　　fhi　　　ghi

A　　　ACDE　　BD
ghj　　　ij　　　fgj

f g h i j

Cultural Model Y

図Ⅲ-8　複数の文化をもつ人たちの状態を説明しようとした文化配分モデル
(Sharifian, 2011)

▶「文化モデルX」と「文化モデルY」の両者の一部ずつを，その文化に影響を受けて暮らす人たちが有しているとするものである。中央の小さな球が，一人ひとりの状態を示しており，各人が有する文化的なスキーマは，二つの文化モデルの構成要素の一部のみであること示している。ここで「文化モデル」と呼ばれるものは，ある国の文化と考えてもよいかもしれない。たとえば，日本人と言っても，日本の文化のすべてを身につけているわけではない。留学生や帰国生などが，「複数の文化を身につけている」と言われる場合，このような文化配分モデルで説明がしやすくなる。

Ⅲ-15　多文化教育と異質なものとの共存

　ある社会において，特定の考え方や文化だけが認められるのではなく，異なる文化をもつ集団も社会的な不利益を受けることなく，複数の文化が尊重されるべきだとする考え方や政策を多文化主義と呼ぶ。また，単に多文化が共存している状態それ自体が，多文化主義と呼ばれることもある。

　世界で最初に正式に多文化主義が採用された国は，カナダであるが，そこには，複雑な歴史的経緯が関係している。もともと「ファーストネーションズ」や「イヌイット」と呼ばれる先住民がアメリカ大陸の北側に，15世紀末にイギリスが，また，16世紀前半には，フランスが植民地支配を始めた。双方の植民地間で7年戦争が勃発，1763年のパリ条約により，カナダのフランス植民地はイギリスへ譲渡された。1960年代には，英語とフランス語の二言語が特別な地位を得て，フランスの言語や文化が政治的には，尊重されることになった。1971年には，右ページの表に示されているとおり，世界で初めて多文化主義が採用された。2011年のカナダの国税調査によると，過去50年間で人口は2倍に増加し，過去150年間では10倍に増えている。3,300万人を超える国民のうち，そのうち2割以上のカナダ人が，英語もフランス語も母語ではないとしている。すなわち，カナダの多文化主義は，二言語政策の間に少なからず問題を抱えていることが理解できる。

　そもそも多文化教育とは，さまざまな民族や，社会・経済的階層，ジェンダー，障害などにかかわる社会問題に関して，学習者の意識を高め，社会的な差別や偏見の低減を目指す教育であるといえる。いわゆる社会的マイノリティが差別を受けることなく，住みよい社会になるための教育をさしているともいえる。ところが，そのようなことは，残念ながら，いつも多くの人たちの賛同を得ることは難しい。海外からの移民を制限している日本では，とりわけ，そのような社会的マイノリティの数が，割合としてはカナダほど多くなく，大多数の人間が日本語を母語とし，日本の文化（それが何であるかのはっきりした認識もなしに）を尊びたいという思いが強い状況では，真の意味での多文化教育が支持されるためには，多くの課題が残されている。

III-15　多文化教育と異質なものとの共存

■世界の主要な国における多文化・多言語主義のとらえ方

カナダ	英語とフランス語の二言語政策を採用しながらも，1971年多文化主義が連邦政府の政策として採用された。「文化のモザイク」と称されることもある
オーストラリア	1978年に連邦政府の政策として多文化主義が採用された。それまで白豪主義を唱えていた政策からは，180度の方向転換といえる。多文化・多言語の放送局 SBS では，テレビ番組が60以上の言語で放送されている
アメリカ合衆国	連邦政府の正式な政策として多文化主義は採用されていない。一部の州政府は，英語とスペイン語の二言語主義を採用している
マレーシア	マレーシア語が公用語であるが，学校教育では，公用語のほかに，タミル語，中国語，英語も用いられている。いずれの学校においても，マレーシア語と英語は必修科目となっている

■日本国籍をもたない子どもたちに対する教育環境の整備（著者の提案）

①児童・生徒の母語保障
　子どもの母語の運用能力を有する教員の養成とその適切な配置。また，少なくとも一部の教科教育における教授言語としての母語使用

②適切な日本語教育
　個別指導が可能な日本語教育の実施。また，最終目標を母語と日本語のバイリンガルにする二言語教育の実施

③児童・生徒の人権保障
　日本国籍を有しない子どもにも，確実に学校教育が受けられるような法律等の整備

④学校と地域での多文化教育
　外国籍の子どもたちが，自らの文化や言語に誇りをもち，日本で安心して生活できるようにするための，学校や地域での多文化教育の実施

III-16　二言語教育

　二言語教育とは，学校のカリキュラムを基本的には，二言語を用いて教育する教育方法や，その考え方をさす。実際には，同じクラスの中で二言語が使用される場合と，あるクラスはいずれかの言語で授業をおこない，他のクラスはもうひとつの言語で教授するというような場合があると考えてよい。
　しかし，同じクラスの中で，たとえば，二人の教師が二言語で授業をしたとしても，子どもたちは自分の得意な言語のみを聴こうとするため，そのような形態の二言語教育は，子どもをバランスのとれたバイリンガルにするという意味においては，効率が悪いだけでなく，あまり効果が上がらないことが知られている。
　子どもに二言語の習得を促し，バランスのとれた二言語使用を可能にするためには，その子どもが生活する社会で主として使用されている言語のみを，授業で用いているのでは，その目標は達成できない。そのため，その社会の少数派の言語のみを，少なくともある時期，あるいは，ある特定の教科で使用するような試みが，日本でも行われている。この方法は，1960年代にカナダで始められ，イマージョン教育（本書【III-18】参照）と呼ばれている。通常は，年少時においては，子どもの第二言語のみで授業を始め，徐々に母語により授業の割合を増やしていくのが一般的である。そうすることによって，母語での大学受験や就職活動を容易にするという効果ももたらされる。
　二言語教育には，さまざまなタイプの形態があり，ある教科をいずれか一つの言語のみで授業を実施する場合と，予習や復習に授業本体とは異なる言語を使用する場合，聞いたり読んだりという言語の理解面と，話したり書いたりという産出面で異なる言語を用いる場合など，実際には多様な方法が試みられている。いずれもその目標は，子どもの二言語理解や使用を促進させることであるが，子どもの家庭内での使用言語や，社会における二言語の相対的な力関係などによって，その実態は変化するものと考えられる。さらには，どの程度の習熟度を目標設定に置くかについても，その状況はさまざまであると考えられる。

Ⅲ-16　二言語教育

■二言語教育のプログラムの典型例

名称	特徴
移行型二言語教育	アメリカなどで実施されている教育方法で，英語を母語としない子どもたちに，英語を学習している間，その子どもの母語で，他の教科を教えようとするもの。最終的には，英語のみの授業に移行することが目標とされる
イマージョン教育	外国語を教えるのではなく，目標言語（母語でない言語）で，ほとんどの教科を教えようとする教育方法。クラスの子どものすべてにとって，目標言語が第二言語であることが条件となる。移行型二言語教育が，最初母語で授業をする割合が多いのに対して，イマージョン教育では，基本的には，最初から第二言語での授業時間を多くして，徐々にその割合を減少させるのが一般的である
二方向二言語教育	教科ごとに，二言語のいずれかの言語で授業をすることが求められる教育方法。同一のクラスに異なる母語の子どもたちがいるような環境も珍しくない。その場合，教科によっては，いずれの言語が用いられるかによって，理解に差が生じることが予想される。ただし，いずれの言語についても，母語話者がいることから，母語話者のモデルが，双方で得られるメリットがある

III-17　言語学習のパラドックス

　外国語を勉強しようと思って勉強している間は，その言語でのコミュニケーション能力がなかなか身につかない現象は，言語学習のパラドックスと呼ばれている。つまり，教室のなかで目標言語（英語教育の場合は英語）を意識させるような学習の活動や，受験勉強のための外国語の学習などでは，その言語でのコミュニケーション能力は身につかないことが，経験的に知られている。

　応用言語学者のクラッシェン（Krashen, 1981）は，言語の意識的な活動を学習とよび，無意識的な活動である習得と明確に区別している。彼の提唱するモニター仮説というモデルによると，コミュニケーション能力を直接的に支えるものは，無意識的に習得された技能であり，意図的に学習された言語に関する知識は，自分の言語使用の様子をモニターしたり，その間違いを修正したりするだけで，その文法性を判断するなど間接的にしか機能しないとしている。

　この学習と習得の違いは，心理学の用語としては，意図的学習と偶発的学習に相当する（井上，1995）。すなわち，何らかの学習をしているときに，その内容を覚えようと努力して活動しているときと，その活動時の注意が何かほかのものに向かっていて，結果的にその活動の内容を覚えている場合とでは，人間の情報処理のメカニズムが大きく異なっている。意外な結果かもしれないが，意図的に覚えるよりも偶発的に覚えたことのほうが，実際の日常生活を営む上では，役立っていることが少なくない。

　前述のクラッシェンのモニター仮説は，コミュニケーションの技能を中心とした言語習得が目標のときには，学習時の注意が言語以外の何かに向かっている必要があることを示している。語学の勉強を意識的にしようと思っている間は，つまり意図的な学習をしている間は，その語学のコミュニケーション能力が得られないという，じつに皮肉な現象が生じる。

　とりわけ，年少の子どもたちにとって，コミュニケーション能力を身につける外国語教授法とは，机に向かって勉強するような環境ではなく，身体を動かしながらの活動が欠かせない（井上，2011）。

Ⅲ-17 言語学習のパラドックス

[図：習得された言語能力（流暢な発話を産出するために必要）→ 発話のプログラム → 学習された言語能力（発話の前後に「モニター」として機能）]

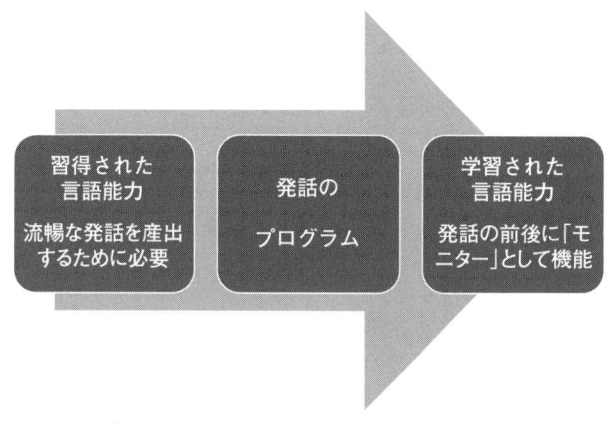

図Ⅲ-9 （Krashen, 1982の「モニター仮説」をもとに作成）
▶意図的に学習された言語能力は，「モニター」としての機能を果たすが，発話の産出には直接関与することができない。流暢な発話を産出するのは，自然な文脈で習得（あるいは獲得）された言語能力。

■**クラッシェンの五つの仮説**（Krashen, 1981を参考に著者が作成）

①習得と学習の仮説（左ページ本文中に説明）
②自然な習得順序仮説：文法構造の習得に関しても，母語の言語獲得同様の自然な発達過程に呼応する順序が存在する
③モニター仮説（左ページ本文中に説明）
④インプット仮説：学習者にとって理解可能なインプット（言語入力）を大量に与えることが，言語習得に大きな成果をもたらす
⑤情意フィルター仮説：学習者の動機づけが大きく，不安が少ないときに。言語習得が促進される

Ⅲ-18 イマージョン教育

　1992年4月に日本で初の英語イマージョン教育を導入した静岡県沼津市の加藤学園は，その後，幼稚園・中学校・高等学校にもイマージョン教育を相次いで導入している。また，2005年には，群馬県太田市において，教育特区の第一号として，外国人教師と英語に堪能な日本人教師を配置する2人担任制のイマージョン教育がぐんま国際アカデミーで始まっている。

　そもそもイマージョンとは，あるものを液体などにどっぷりつけることを意味している。音楽の授業も算数の授業も，「英語がいっぱいのお風呂」にどっぷりつけて，それで英語のコミュニケーション能力を身につけさせようという試みである。「英語がいっぱいのお風呂」とは，いつでも英語が使用されている環境であり，具体的には，幼稚園や学校のなかで教師も仲間の子どもたちも英語を使用している言語環境をさす。

　イマージョン教育とは，いわゆる外国語の授業とは違って，日標言語をひとつの教科のなかで，学習する内容として位置づけるのではなく，原則的にはすべての教科の授業を第二言語で行うとするものである。当然担当の教師は，その第二言語が堪能でなければならない。また子どもも授業中はできるだけその言語を使用することが求められる。しかし，プログラムの最初の段階では，第一言語で話すことも許され，教師はそれを理解できる二言語併用者が担当することになるので，コミュニケーションに大きな不自由は生じない。また，学校内の食堂や運動場など教室以外の場面では，第二言語を話すことを強要しないのが一般的であるが，子どもたちは自然に第二言語を使用するようになることが報告されている。

　また，イマージョン教育を4年間受けた中学2年生と，進学校の高校2年生，と一般の大学生の3群を調査対象者にした英語能力に関する心理学的な研究においては，いくつもの課題において，イマージョン教育を受けた中学生が，一番成績が良いことが示されている。

Ⅲ-18 イマージョン教育

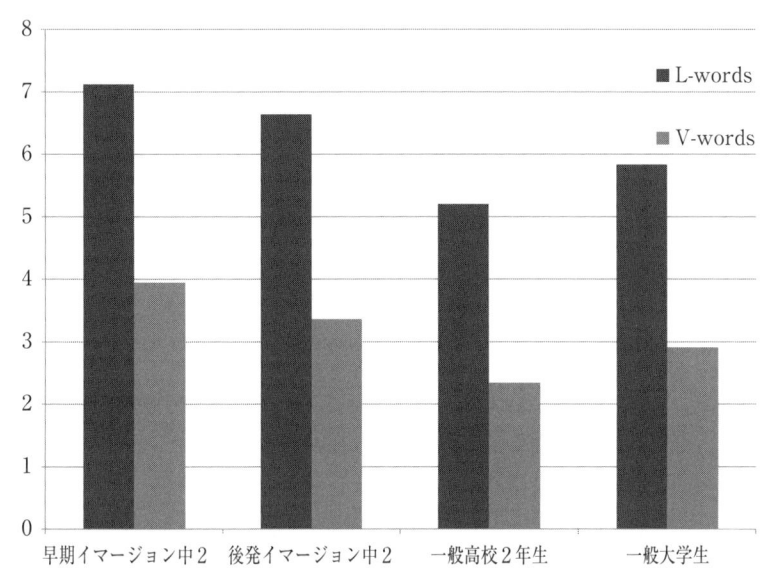

図Ⅲ-10 単語産出の流暢性における各群の平均値

▶今井（2009）は，上述のぐんま国際アカデミーで4年半のイマージョン教育を受けた中学2年生を対象に，独自に開発した何種類もの英語のテストを実施した。その結果は同様のテストを実施された一般の大学生や，受験勉強をしている高校2年生の英語力と比べて，平均値において劣ることがなく，図が示すように，たとえば，"L"や"V"で始まる単語を，30秒間でできるだけ多く書くという単語産出の流暢性の課題では，イマージョン教育を受けている中学生で成績が統計的に有意に高いことを報告している。

図に示す「早期イマージョン中2」とは，小学1年生からイマージョン教育を受けた子どもたちの結果，また，「後発イマージョン中2」とは，小学4年生から中学2年生までイマージョン教育を受けた子どもたちの結果を示している。

III-19　モラル・ディレンマと道徳教育

　道徳的により好ましいとわかっていても，いつでもそのような振る舞いをすることは，なかなか難しいことである。嘘をつかない，困っている人を助ける，人から借りたものは返す，他人に迷惑をかけない，このような行為が，好ましくて，できればそのようにしたほうがよいことは，多くの人たちが理解している。また，そのように実行したいと思っている。

　しかし，ときには，嘘をつかないと誰かに迷惑がかかる，借金を返そうとすると家族に悲しい思いをさせる，困っている人を助けていると約束を破ることになるなど，現実には，あちらを立てればこちらが立たないという状況で，心理的な葛藤場面に立たされることは珍しいことではない。そのような状況では，どのような行動が正しいかという単純な議論はできなくなる。

　一つの価値観を子どもが教師から教えられるのではなく，物事のもつ多面的な特徴や価値を見極め，多様な他人の意見も考慮しながら，子どもたちが自らの判断で，自らの行動を決めていくことは，好ましいことだといえる。そういう意味では，上記のような葛藤場面を具体的な形で提示し，正解が一つとはいえない問題解決の過程を，子どもたちの話し合いを通して，進めていこうとする授業は，好ましい形態の一つの教育方法であると考えられる。特定の場面が提示され，そこでは道徳的に何か正しいのか判断が難しいようなこのような状況は，モラル・ディレンマと呼ばれ，教育現場でそのような教育方法が用いられている。

　仮に読者の皆さんが大学生だとして，次の頁の表に示すような場面を考えてみると，どのような行動が好ましい判断だろうか。四つの場面それぞれにおいて，二者択一の選択肢が示されている。社会的に好ましい行動は，必ずしも，このいずれかではないことに気付くことができる。他の選択肢が自分では考え付かなくても，友人や周りの人たちの判断を聞くことによって，より適切な判断が可能になる可能性は高い。

III-19 モラル・ディレンマと道徳教育

■大学生が出くわす可能性のあるモラル・ディレンマの場面

場面A	◎送別会に出席するか，家庭教師に行くか？ あなたは毎週2回，夕方に家庭教師のアルバイトをしています。来週から子どもの通っている学校では試験があり，今日は休むことができません。ところが，仲のよい同級生が来月から留学することになり，今夜その送別会に誘われました
場面B	◎授業に出るか，おじいさんを助けるか？ あなたは，朝一講時の大学の講義に向かう途中です。すでに何回か欠席していて，この日欠席するとその授業の単位が取れません。大学に到着する5分前，あなたの乗っていた自転車と，よろけたおじいさんの自転車が接触して，おじいさんは倒れて起き上がれません
場面C	◎横道にそれるか，そのまま走行するか？ あなたは，時速100kmの速度で走っている自動車を運転しています。ブレーキが壊れていることに気付きましたが，下り坂なので，このままでは大きな事故になります。細い上り坂の横道にそれれば，車の速度は落ちますが，そこでは，子どもを抱いた女性が景色を見ていて，こちらには気づきません
場面D	◎誘いに応じるか，ダイエットを続行するか？ あなたは，1か月で3キロ痩せることを目標にダイエットをしています。あと一週間でその目標は達成できそうで，お気に入りの服を着て，パーティに参加できそうです。今朝，以前からひそかに思いを寄せていた同じ学科の異性の友人から，ケーキバイキングの誘いを受けました。今日限定のチケットを2枚買ったらしいのです

III-20 価値教育とディベート

　日本では，戦前の教育が特定の価値観に支配され，戦争を抑止することができなかったという反省から，特定の価値観や道徳観，宗教観を子どもたちに教えることが，戦後の教育現場ではタブー視されるようになった。

　教師や周りの大人が望ましいと考える道徳観や価値観を，子どもたちに教え込むのではなく，子どもの自主的な価値決定能力を目指すことを重視した教育を，価値教育と呼ぶ。このような立場は，1960年代後半から，アメリカ合衆国の教育現場で受け入れられ，発達したといわれている。

　道徳性の発達は，教育学においても心理学においても，興味深い一つのトピックとして扱われてきた。心理学者であるゴールバーグ（Kohlberg, 1973）は，ピアジェの認知発達理論をもとにしながらも，道徳性の発達は，一生涯を通してなされるものと考え，右のページに示すような6段階の道徳発達論を提唱した。彼は，数多くの子どもたちにインタビュー調査をするなかで，モラル・ディレンマの課題に対して，子どもたちがどのような論理過程で結論を導くのかに着目して，彼らの判断の背景にあるいくつかの価値観を，六つの発達段階として整理した。

　対立する意見や価値観を際立たせるためには，ディベートや討論が役に立つ。教育の場面で用いられるディベートは，説得力を競い合うような競技として展開される傾向が強いが，双方の論理過程を明確にし，問題を焦点化することが可能となる。また，説得力のある議論に触れることにより，個人がそれまでの信念や主張を振り返る貴重な機会を与えることも少なくない。

　そのほか，教育現場におけるディベートの効用には，目的にあった情報を選択し，整理する能力を育成し，他者の発言を注意深く聞き，相手の立場にたって物事を判断できる能力を育成することにもなる。さらには，一方的なものの見方をするのではなく，幅広いものの考え方や視点を採り入れやすくなり，相手の発言にすばやく対応する能力，主体的に行動できる能力が身につくともいわれている。

Ⅲ-20 価値教育とディベート

■コールバーグの3水準6段階の道徳発達論 (Kohlberg, 1973より抽出して訳)

段階	重要だと考える価値

第Ⅰ水準：前慣習的水準
- 第1段階（罰と服従への志向）：
  規則が絶対だと信じ，罰を避けるためには規則に従うのがよいと考える段階
- 第2段階（個人の利益への志向）：
  個人の利益につながる行為が善であると考える段階

第Ⅱ水準：慣習的水準
- 第3段階（協調志向）：
  社会から期待に応え，人間関係を重視する段階
- 第4段階（秩序維持志向）：
  法に従い，権威を尊重するのが善であると考える段階

第Ⅲ水準：脱慣習的水準
- 第5段階（社会契約的志向）：
  異なる価値や意見，信念を理解し，規則そのものより，社会の構成員の同意が重要であると認識できる段階
- 第6段階（道徳原理への志向）：
  仮に法や規則に反しても，個人の普遍的な倫理観に従う段階

Ⅲ 教育の課題と展望

Ⅲ-21　参加型の学習と教育

　大学教育では，教員から学生に対して，講義型・講演型と呼ばれる一斉授業が，その主流となっている。そういったなかで，近年，プロジェクト科目と呼ばれるような，受講生が課題を見つけ，自ら問題解決を行うような形態の実習型や演習型の授業の必要性などが指摘されている。従来からも日本では，卒業論文作成を支援するような形で，演習やゼミという参加型の学習形態が古くから実施されてきた。

　初等中等教育においても，教科書の内容を，画一的な一斉授業で教授する教育方法が主流となっている。一クラスの人数が多い授業形態では，そのような教育方法をとらざるを得ず，客観主義，効率主義からもそのような方法が是認されてきた。しかし，本来教育は，一人ひとりの個性や興味関心に合わせた教育内容が提示されるべきであって，少なくとも学習者のニーズを無視したような教育は，改められるべきである。

　総合的な学習の時間や，大学での実習型・演習型の授業などでは，学習者が受動的ではなく，能動的に活動することが求められることから，自ら学び，考え，高い動機づけがなされた形での学習が進められることが期待されている。しかし，学習者の自由度があまりにも高い場合には，学習が遅々として進まず，深みのない学習に終始する危険性も潜んでいる。

　歴史的にみてみると，このような参加型の学習は，近年に始まったことではなく，戦後まもなく導入されたアメリカの影響の強い教育方法においては，デューイの教育思想に基づき，児童中心主義や経験主義が強調されていた。

　さらに，明治期に遡ると，作文教育が「生活綴り方」教育という形で実施されていた。これは，日本特有の教育方法ともいえるもので，平易な文章で，子どもたちが，身の回りの生活上の出来事を文章に綴ることが求められた。大正期にも，いわゆる大正デモクラシーの影響もあり，綴り方教育は，国家主義的。軍国主義的な内容を批判する多くの教師の教育方法に受け入られた。

　学習者を主体にした参加型の学習か，国家権力が教える内容を決め，トップダウンの教育をするのかは，時代の振れが強い現象の一つでもある。

Ⅲ-21　参加型の学習と教育

■戦後の学習指導要領の変遷（小貫，2007より改変）

第1期　戦後教育改革と問題解決学習の時期
- 1947年　学習指導要領一般編【試案】：児童中心主義，経験主義
- 1951年　第1次改訂【試案】：自由研究の位置づけの変更

第2期　戦後教育の揺り戻しの時期
- 1958年　第2次改訂【公示】：教科内容の系統性を重視する方向に転換
- 1968年　第3次改訂【公示】：教育の現代化

第3期　ゆとり教育と参加型学習の時期
- 1977年　第4次改訂【公示】：「ゆとりと充実」を志向
- 1989年　第5次改訂【公示】：教育の弾力化，生活科新設，社会科改編
- 1998年　第6次改訂【公示】：教育内容の精選，「総合的な学習の時間」新設

■アクティブ・ラーニングの場を提供する図書館

　「大学における研究教育活動を支える大学図書館及びコンピュータ・ネットワークの現状について」という副題のついた平成26年度の文部科学省の調査，「学術情報基盤実態調査」（http://www.mext.go.jp/b_menu/houdou/27/03/1356099.htm）によると，学生の主体的な学びを促すアクティブ・ラーニング・スペースは，338大学（全大学の43.4％）が設置しており，調査時の直近3年間で約2.5倍に増加していることが明らかになっている。さまざまな機能を備えたアクティブ・ラーニング・スペースは，ラーニング・コモンズとも呼ばれることがあり，学生の主体的で自発的な学びの場を提供し，そこでは，その学修効果を最大限発揮するための支援が行われている。また，従来の図書館のように，個人学習の場を提供するだけでなく，学生同士の多様な形態の交流を促進すること，互いに学びあう共同学習の場を提供することも，その大きな目的の一つとなっている。

Ⅲ　教育の課題と展望

Ⅲ-22　ゆとり教育

　日本では，2002年に学校の完全週休二日制が始まり，いわゆる「ゆとり教育」と呼ばれる教育が施行された。従来の教科学習の内容をおよそ3割削減するとともに，「総合的な学習の時間」が設けられ，子どもたちは，自分たちの興味関心のある分野を進んで学習することが期待された。また，土曜日には，子どもたちは学校へ行かなくなるため，家庭内でのコミュニケーションが豊かになること，あるいは，地域での人間関係や文化的な活動が，より活発になることなども想定されていた。

　ところが，十分な試行期間や確かなモデルがないままに実施された「総合的な学習の時間」は，当初多くの学校ではうまく機能せず，掲げられた趣旨や理念とは程遠い教育実践が行われていたケースは少なくないと思われる。

　さらに，ゆとり教育が最も批判される根拠に使われたのが，「生徒の学習到達度調査（PISA）」，いわゆる学力調査の結果である。2000年の調査では好成績を収めた日本の子どもたちの成績が，その後，2003年，2006年の2回にわたって低下し，その時期がゆとり教育の始まった時期と重なっていたためである。

　そのようなこともあり，2011年度から実施された学習指導要領では，「脱ゆとり教育」への方向転換がはかられ，「ゆとり教育」が間違いであったかのような議論が根強い。しかし，そもそも「ゆとり教育」が知識偏重の詰め込み教育から脱却すべき一つの理念として提唱されながら，そのような知識を測定しようとするペーパーテストの成績で，その価値を評価しようとすること自体に問題があることは，少し考えてみればわかることである。

　インターネットで調べれば，さまざまな情報が即座に手に入るようになった今，さまざまな知識を，時間をかけて学習する意義は薄れてきている。それよりも，激しく変化する社会のなかで，自分が解決すべき課題を自ら設定するとともに，他者と協同して社会的な課題を解決する力や知恵を身につけることが，ますます重要になってくる。そのためには，「ゆとり教育」の理念や趣旨を否定すればよいということにはつながらない。

Ⅲ-22 ゆとり教育

小学校

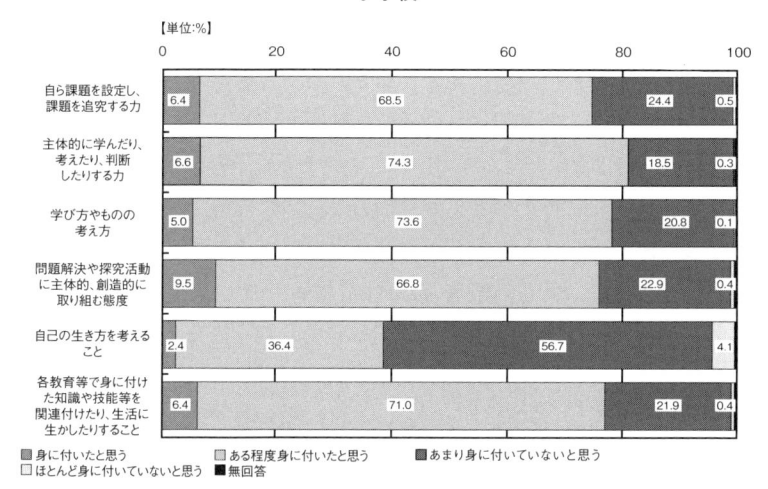

【単位:%】

項目	身に付いたと思う	ある程度身に付いたと思う	あまり身に付いていないと思う	ほとんど身に付いていないと思う
自ら課題を設定し，課題を追究する力	6.4	68.5	24.4	0.5
主体的に学んだり，考えたり，判断したりする力	6.6	74.3	18.5	0.3
学び方やものの考え方	5.0	73.6	20.8	0.1
問題解決や探究活動に主体的，創造的に取り組む態度	9.5	66.8	22.9	0.4
自己の生き方を考えること	2.4	36.4	56.7	4.1
各教育等で身に付けた知識や技能等を関連付けたり，生活に生かしたりすること	6.4	71.0	21.9	0.4

■身に付いたと思う　□ある程度身に付いたと思う　■あまり身に付いていないと思う
□ほとんど身に付いていないと思う　■無回答

中学校

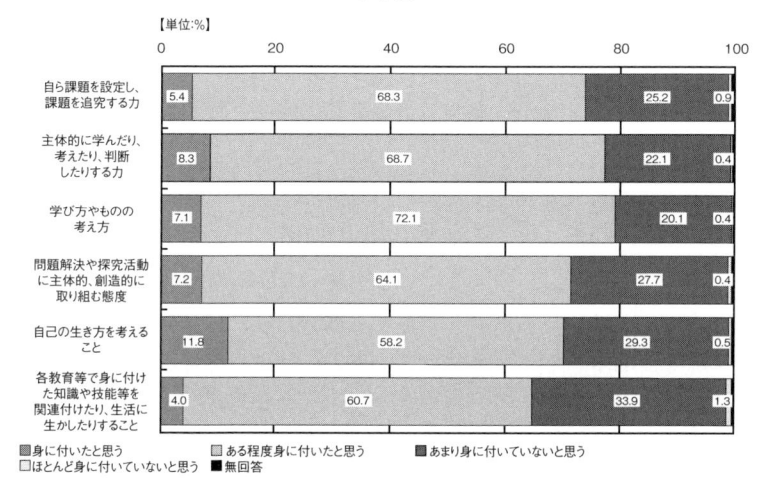

【単位:%】

項目	身に付いたと思う	ある程度身に付いたと思う	あまり身に付いていないと思う	ほとんど身に付いていないと思う
自ら課題を設定し，課題を追究する力	5.4	68.3	25.2	0.9
主体的に学んだり，考えたり，判断したりする力	8.3	68.7	22.1	0.4
学び方やものの考え方	7.1	72.1	20.1	0.4
問題解決や探究活動に主体的，創造的に取り組む態度	7.2	64.1	27.7	0.4
自己の生き方を考えること	11.8	58.2	29.3	0.5
各教育等で身に付けた知識や技能等を関連付けたり，生活に生かしたりすること	4.0	60.7	33.9	1.3

■身に付いたと思う　□ある程度身に付いたと思う　■あまり身に付いていないと思う
□ほとんど身に付いていないと思う　■無回答

図Ⅲ-11　総合学習に対する児童・生徒の評価

▶上の帯グラフは，平成17年に国立国語研究所が実施した「総合学習の時間実施状況調査」の結果。総合学習の時間に対しては，否定的な見解が多くみられるが，客観的な調査からは，これからの社会を生きていくうえで，重要な技能が身についたという回答が多くみられている。
（出典：http://www.mext.go.jp/component/a_menu/education/detail/__icsFiles/afieldfile/2011/02/17/1300459_2.pd, 参照2016-02-08）

Ⅲ-23　情報教育と情報リテラシー

　情報リテラシーは，情報活用能力と訳されることもある。情報が必要とされるときに，主体的に，効率的に，効果的に情報を選択して，その信頼性や信憑性を自ら評価し，目的に合わせて使うことができる能力をさす。従来は，情報機器を活用して情報社会を生きていく能力といった意味で使用されたことも少なくなかったが，近年は，より広義に使用されるようになり，右ページの図に示されているように，情報活用能力は，「情報活用の実践力」に加えて，「情報の科学的な理解」や「情報社会に参画する態度」の育成などを含むことが一般的である。

　情報化の発展が著しい現代社会においては，学校教育において教授された知識や技能だけでは，人間は一生涯を生き抜くことが難しい。生涯学習ということばに代表されるように，私たちは，学校卒業後にもさまざまな知識や技能を習得し，現実の社会生活に対応していかないといけない。だからこそ，子どもたちには，社会のなかで情報が果たす役割や影響について十分理解をさせ，便利で安全な情報社会の創造に参画できるような態度を育成する必要性が指摘されている。

　また，社会の情報化が進展するに伴い，コミュニケーションや報道の多様化と迅速化がもたらされ，ネット情報の活用による生活の利便性が向上しただけでなく，社会の情報化は，これまでには経験しなかった社会問題や犯罪をももたらす結果となった。学校教育に関係する部分だけに焦点を当てても，ネットによるいじめの問題，信頼性や信憑性の乏しい情報や悪質な噂の流布の問題，個人情報や著作権の問題など，情報を発信する際にこそ，注意しないといけない問題は山積している。

　そのような情報社会の否定的な側面についても，子どもたちに十分意識させ，犯罪の被害者にならないように注意を促すだけでなく，社会のルールを守り，他人を傷つけないように配慮することの重要さを理解させ，子どもたちが犯罪の加害者側にならないように指導することも教師には求められる。

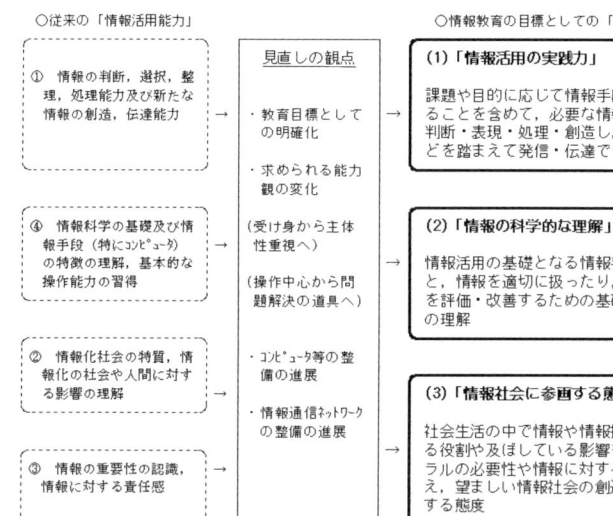

Ⅲ-23　情報教育と情報リテラシー

○従来の「情報活用能力」

① 情報の判断，選択，整理，処理能力及び新たな情報の創造，伝達能力

④ 情報科学の基礎及び情報手段（特にコンピュータ）の特徴の理解，基本的な操作能力の習得

② 情報化社会の特質，情報化の社会や人間に対する影響の理解

③ 情報の重要性の認識，情報に対する責任感

見直しの観点

・教育目標としての明確化

・求められる能力観の変化

（受け身から主体性重視へ）

（操作中心から問題解決の道具へ）

・コンピュータ等の整備の進展

・情報通信ネットワークの整備の進展

○情報教育の目標としての「情報活用能力」

(1)「情報活用の実践力」
課題や目的に応じて情報手段を適切に活用することを含めて，必要な情報を主体的に収集・判断・表現・処理・創造し，受け手の状況などを踏まえて発信・伝達できる能力

(2)「情報の科学的な理解」
情報活用の基礎となる情報手段の特性の理解と，情報を適切に扱ったり，自らの情報活用を評価・改善するための基礎的な理論や方法の理解

(3)「情報社会に参画する態度」
社会生活の中で情報や情報技術が果たしている役割や及ぼしている影響を理解し，情報モラルの必要性や情報に対する責任について考え，望ましい情報社会の創造に参画しようとする態度

図Ⅲ-12　「情報化の進展に対応した初等中等教育における情報教育の推進等に関する調査研究協力会議」によって，平成 9 年に提言された「体系的な情報教育実施に向けて」（第 1 次報告）に示された「情報活用能力見直し」の図
（出典：文部科学省「情報教育の実践と学校の情報化」　http://www.mext.go.jp/a_menu/shotou/zyouhou/020706.htm，参照2016-02-08）

Ⅲ-24 批判的思考力を育成する教育

　楠見（2010）によると，批判的思考とは，推論の規準にしたがう，論理的で偏りのない思考であるとされている。その思考は，人がさまざまな認知活動を行う際に，目標指向的に働く。言い換えれば，自らの推論過程を意識的に吟味する反省的な思考であり，何を信じ，主張し，行動するかの決定に焦点を当てる思考である。つまり，「相手を批判する」思考というような狭い意味の日常的に用いられることばとは区別されなければならない。
　私たちの住む社会には，さまざまな情報が存在する。ところが，それらの情報は，間違っていることも少なくなく，正確さに欠けることも珍しくない。テレビのニュースや解説，新聞の報道や社説，大学の講義や教員の考えも，そのまま鵜呑みにしていたのでは，自分の独自の意見がもてなくなるだけでなく，間違った方向に誘導されている可能性もある。多数の意見や権威のある人たちが発信する情報といえども，それをそのまま信用するのではなく，自分の力で吟味して，感情的に流されることなく，論理的に判断しないと真実が見えてこないことが少なくない。
　批判的思考力を育成することは，他者のいい加減な発言に左右されることなく，正しい情報に基づき，自分で判断のできる人を育てることを意味する。そのためには，ディベートや討論を通して，立場の異なる人たちの主張とその根拠としていることを理解しなれればならない。また，相手の論理に不合理な点や矛盾がないかどうか，目標としていることそれ自体に，問題がないかどうかについても，検討できる余地を確保しなければならない。
　権威に盲目であったり，多数派の意見に迎合したりするようでは，批判的な思考力を備えているとはいえない。むしろ，いわゆる社会的弱者が発信する情報に耳を傾け，そのような人たちの立場に身を置いて，物事を判断することができる能力が求められる。とりわけ教師を目指す人たちにとっては，あらゆる教育的な行為が，子ども一人ひとりにとって，どのような意味合いをもつのかについて，省察できる余裕が必要であるといえよう。

Ⅲ-24　批判的思考力を育成する教育

■批判的思考の構成要素（Ennis, 1992）

1. 明確化のための基本的能力：問題を明確化し，疑問を提起できる
2. 推論の基盤の検討：　　　　情報源の信頼性，妥当性の判断ができる
3. 推論：　　　　　　　　　　演繹や帰納の判断，価値判断などができる
4. 推論後の明確化：　　　　　複数の論証を検討し，仮説を同定できる
5. 方略：　　　　　　　　　　行為の決定としてのメタ認知判断ができる

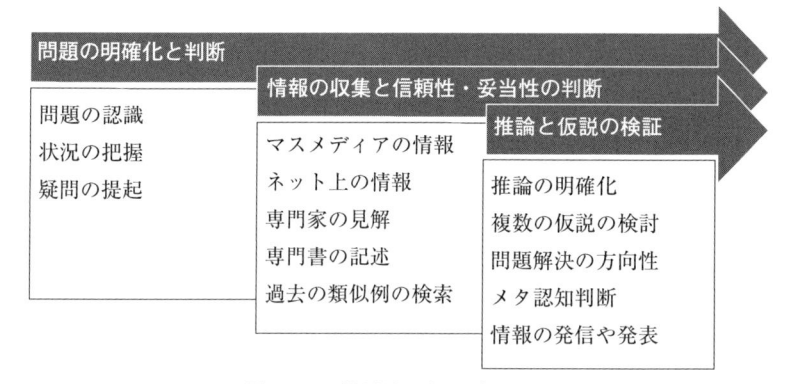

問題の明確化と判断
- 問題の認識
- 状況の把握
- 疑問の提起

情報の収集と信頼性・妥当性の判断
- マスメディアの情報
- ネット上の情報
- 専門家の見解
- 専門書の記述
- 過去の類似例の検索

推論と仮説の検証
- 推論の明確化
- 複数の仮説の検討
- 問題解決の方向性
- メタ認知判断
- 情報の発信や発表

図Ⅲ-13　批判的思考のプロセス

むすびに代えて─鼎談2─

光川 最後に本書『教育の原理─歴史・哲学・心理からのアプローチ─』の執筆を終えられて，冒頭の鼎談をふまえての感想やご意見などをお話しいただけませんでしょうか。それでは，今度はⅡ部の27トピックを担当されました中川先生から，よろしくお願いします。

中川 私の担当したⅡ部の前半では，おもに西洋教育のオーソドックスな考え方を紹介し，後半では比較的最近の動向をとりあげました。過去のものとはいえ，やはり偉大な教育思想家の仕事は教育を理解するために不可欠なものであると感じました。若いみなさんにも，ぜひ彼らの作品を読んでいただきたいと思います。また最近の動向については，日本での紹介が少ないので，もっとこういうことを知っていただきたいと思っています。そうすれば，教育についての関心も高まるのではないかと考えています。

光川 中川先生は欧米の教育だけでなく，東洋の教育にもお詳しいですからね。今回，インドのお話も入っているかと思ったのですが。そのあたりに関しては，いかがでしょうか。

中川 私の関心は現在ではむしろアジアや東洋の教育の考え方のほうにありますので，もっと多くそうした項目をとりあげればよかったのですが，今回は，人物としてはクリシュナムルティだけをあげています。ほかにも，タゴール，オーロビンドといった人たちは学校をつくっており，教育論もあるので興味深い存在です。今回とりあげたなかでは，観想教育（マインドフルネス）はもともと仏教瞑想から生まれたものですし，最後には，東洋的人間形成という項目を設けました。すでにインド思想や仏教は現代の教育論にいろいろと影響を及ぼしていますので，今後も注目していきたいところです。

光川 なるほど，幅広い視野からの魅力的な話題が盛りだくさんですね。中川先生，ありがとうございました。

　それでは，Ⅲ部の24トピックを執筆されました井上先生のご意見や執筆後の感想はいかがでしょうか。

井上 はい。今の教育問題に直接触れたほうがよいという思いで，これが問題

だなと私が思っていることを中心に書かせてもらいました。でも，あまり専門でもないことまで書いているので，内容が浅くてすみません。お二人の原稿を読ませてもらって，その点は反省しています。お二人の内容，じつに興味深かったです。先ほどの中川先生のお話ですが，私も中川先生のご専門は西洋教育哲学だけだと思っていたのですが，じつに幅広くて興味深い。西洋の教育理論だけでは，行き詰まっていて，東洋の思想が必要というところも感銘を受けました。また，光川先生の日本教育史は，現在も含む教育史ですね。私たちが学校で習った日本史では，明治以降があっさりしすぎている。ここが教育にとっては，一番重要なのにと思っていました。昭和もなるほど，もう歴史の範疇ですね。私たちの青春そのものでしたけどね。唱歌や予備校の話は，確かにそう言われるとそうだなと，光川先生しか書けない内容かと思いました。ご質問の私の話に戻しますが，ろう教育や特別支援の話は，私の昔の専門でした。

光川　井上先生の昔のご専門といいますと。

井上　私が初めて大学に勤務したのは，大阪教育大学が最初で，1982年のことだったのですが，その時の所属が聴覚言語障害児教育教室という長い名称のところでした。そんな関係で，そのあたりのことや子どもの発達や心理については，その頃，勉強していたテーマだったんです。もちろん，今回の執筆にあたっては，自分なりには，新しいことも勉強したんですけどね。

光川　そんなご苦労もあったのですね。よくわかりました。井上先生が現在もっとも関心をお持ちの分野に限定してのご意見はございますか。

井上　ちょっと，このテーマで，もう一つ研究をして，それが終わったら，この世界から身を引こうと思っていることがあるのですが。

光川　ええ，そうなんですか？　ちょっと早すぎないですか。

井上　いやいや。それで，その最後の研究テーマは，トピックのⅢ-18で書いている「イマージョン教育」なのですね。こちらは，私が専門にしている一つの教育方法に関することなのですが，英語をいくら勉強しても話せない，という教育問題の一番の解決方法はこれだと信じているのです。いわば私の信念みたいなもので。その効果が最後の研究で実証することができたら，大学からの退職を考えているのですよね。あと2，3年で。そのほか，異文化理解や多文化共生の話も，現在の関心事です。日本の教育は，そういう点で，カナダやオ

むすびに代えて―鼎談２―

ーストラリアに，ずいぶん遅れをとっていると思います。さらに言うと，教育政策の不備ですね。

光川 わあ！ 続きはぜひ今夜のお酒の席で。教育による革命論なら，私にもぜひ語らせてください。（笑）

　井上先生，ありがとうございました。私は，年長であるのと日本の教育史を専門にしておりますところから，Ⅰ部の23のトピックを書かせていただきました。決して過去の歴史を高く評価するつもりはありませんが，教育の場合これまでの日本人のつくってきた教育遺産の経験談なども，現在のそしてこれからの教育問題を語る場合にかかせないものだと考えています。本当は理想的な未来像というかビジョンを示したいのですが，私は日本というこの国の歴史の変遷の中から何かを学び，一部は受け継いでいきたいと思うようになってきています。年齢のせいでしょうかね。（笑）

井上 いやいや，まだまだお元気すぎると思いますよ。（笑） 次の機会には，ぜひ光川先生がお考えの理想的な教育の未来像をお聴かせいただきたいと思います。ちょっと，ここで，この本を出していただく樹村房からの出版物で，私がかかわった書物の広告をしてよろしいでしょうか。

光川 はい，どうぞ。

井上 じつは，樹村房から，すでに『教育の方法』という本と『発達と教育』という２冊の本を出していただいております。地味に売れている本ですが，こちらの２冊も，ぜひ，読んでいただければ幸いです。

光川 最後に，井上先生が主体になってつくってこられた３部作の最後の１冊に，かなり実験的な要素もあるこの本が温かく迎えられるとよいのですが。お二人の先生方，どうもありがとうございました。

　そして，本書を丁寧に編集・レイアウトし出版していただいた樹村房の大塚栄一社長には，厚くお礼を申し上げなければいけません。本当にお世話になりまして，ありがとうございました。

2016年2月2日

　　　　　　　　　　　　　　　　　　　　　　　　　光川　康雄
　　　　　　　　　　　　　　　　　　　　　　　　　中川　吉晴
　　　　　　　　　　　　　　　　　　　　　　　　　井上　智義

引用・参考文献 (洋書：著者のアルファベット順，和書：著者の五十音順)

Ⅰ部

阿部吉雄『日本朱子学と朝鮮』東京大学出版会，1978．
甘利一馬『家訓・遺訓100話』立風書房，1986．
フランシスコ・デ・ザビエル，アルーペ神父・井上郁二訳『聖フランシスコ・デ・ザビエル書翰抄』全二冊（岩波文庫）岩波書店．
生田久美子『「わざ」から知る』東京大学出版会，2007．
石川松太郎『往来物の成立と展開』雄松堂，1988．
石川松太郎『藩校と寺子屋』（教育社歴史新書）教育社，1978．
石島庸男・梅村佳代編『日本民衆教育史』梓出版社，1996．
石田尚豊編『聖徳太子事典』柏書房，1997．
伊藤良高・大津尚志・永野典詞・荒井英治郎編『教育と法のフロンテイア』晃洋書房，2015．
乾孝編著『戦後史・日本人の意識―その集団主義的探求―』（たいまつ双書）理論社，1971．
入江宏『近世庶民家訓の研究―「家」の経営と教育―』多賀出版，1996．
上田正昭『帰化人―古代国家の成立をめぐって―』（中公新書）中央公論社，1965．
上田正昭編『天満天神―御霊から学問神へ―』筑摩書房，1988．
上野直蔵編『同志社百年史』（通史編一・二）学校法人同志社，1979．
海原徹『近世の学校と教育』思文閣出版，1988．
海原徹『近世私塾の研究』思文閣出版，1983．
梅原猛『隠された十字架―法隆寺論―』（新潮文庫）新潮社，1980（初版1972）．
梅村佳代『日本近世民衆教育史研究』梓出版社，1991．
大戸安弘『日本中世教育史の研究―遊歴傾向の展開―』梓出版社，1998．
大戸安弘「中世社会における教育の多面性」辻本雅史・沖田行司編著『教育社会史』（新体系日本史）山川出版社，2002．
大山誠一編『聖徳太子の真実』平凡社，2003．
沖田行司「文化交流と教育―人と文化の交わり」同志社大学教育文化学研究室編著『教育文化学への挑戦―多文化交流からみた学校教育と生涯学習―』明石書店，2005．
沖田行司『藩校・私塾の思想と教育』日本武道館，2011．
沖田行司『日本人をつくった教育―寺子屋・私塾・藩校―』大巧社，2000．
沖田行司『新訂版　日本近代教育の思想的研究―国際化の思想系譜―』学術出版会，2007．
沖田行司編著『人物で見る日本の教育（第二版）』ミネルヴァ書房，2015（初版2012）．
『置文21』編集同人編著『回想の全共闘運動―今語る学生叛乱の時代―』彩流社，2011．
小熊英二『1968（上）若者たちの叛乱とその背景』新曜社，2009．
小熊英二『1968（下）叛乱の終焉とその遺産』新曜社，2009．
小倉豊文『聖徳太子と聖徳太子信仰（増訂版）』綜芸舎，1972（初版1963，私家版）．

小黒浩司編著『図書及び図書館史』（JLA図書館情報学テキストシリーズ）日本図書館協会，2010．

小沢富夫訳『家訓―今に生きる処世の極意― 現代語訳』（講談社学術文庫）講談社，1985．

尾原昭夫編著『日本のわらべうた―室内遊戯歌編―』社会思想社，1972．

海後宗臣『歴史教育の歴史』（UP選書）東京大学出版会，1969．

貝原益軒著・石川謙校訂『養生訓・和俗童子訓』（岩波文庫）岩波書店，1961．

籠谷真智子『中世の教訓』角川書店，1979．

笠井助治『近世藩校の綜合的研究』吉川弘文館，1960．

上笙一郎『日本のわらべ唄―民族の幼なごころ』三省堂，1972．

京都市学校歴史博物館編『京の学校・歴史探訪―我が国の近代教育の魁―』財団法人京都市社会教育振興財団，1998．

京都市教育委員会・京都市学校歴史博物館編『京都・学校物語』京都通信社，2006．

倉田喜弘『「はやり歌」の考古学―開国から戦後復興まで―』（文春新書）文藝春秋，2001．

久留島典子・長野ひろ子・長志珠絵編『歴史を読み替える ジェンダーから見た日本史』大月書店，2015．

桑田忠親『武士の家訓』（講談社学術文庫）講談社，2003．

斎宮歴史博物館編『開館十五周年記念特別展 「百人一首の世界―天皇と歌人たちが語る王朝の謎―」』斎宮歴史博物館，2004．

斎藤亜加里『親から子へ代々語り継がれてきた教訓歌』きこ書房，2009．

佐伯眞人『新学力観に立つ中学校社会科歴史の授業改善』明治図書出版，1995．

佐々木隆生『大学入試の終焉―高大接続テストによる再生―』北海道大学出版会，2012．

司馬春英・星川啓慈編『「教養」のリメーク―大学生のために―』（大正大学まんだらライブラリー）大正大学出版会，2010．

庄司薫『赤頭巾ちゃん気をつけて』（新潮文庫）新潮社，2007（初版1970・中央公論社）．

新川登亀男『聖徳太子の歴史学：記憶と創造の1400年』（講談社メチエ選書）講談社，2007．

菅孝行文，貝原浩イラスト『全学連』（For Beginners）現代書館，1982．

鈴木理恵「大陸文化の受容から日本文化の形成へ」辻本雅史・沖田行司編『教育社会史』（新体系日本史）山川出版社，2002．

須田努・清水克行『現代を生きる日本史』岩波書店，2014．

諏訪哲二『間違いだらけの教育論』（光文社新書）光文社，2009．

世阿弥著・野上豊一郎・西尾実校訂『風姿花伝』（岩波文庫）岩波書店，1958．

世阿弥著・小西甚一編訳『風姿花伝・花鏡』（タチバナ教養文庫）たちばな出版，2012（初版2004『世阿弥能楽論集』）．

関晃『帰化人―古代の政治・経済・文化を語る―』（日本歴史新書）至文堂，1956．

関口敏美『柳田國男の教育構想―国語教育・社会科教育への情熱―』塙書房，2012．

第一勧銀経営センター編『家訓』第一勧銀経営センター，1977．

竹居明男編『北野天神縁起を読む』（歴史と古典）吉川弘文館，2008．

引用・参考文献

田中嗣人『聖徳太子と聖徳太子信仰』吉川弘文館，1985.
田中康二『国学史再考―のぞきからくり本居宣長―』新典社，2012.
谷川彰英『柳田国男―教育論の発生と継承―』三一書房，1996.
玉城肇『日本学生史』（三一新書）三一書房，1961.
筑波大学日本美術史研究室，筑波大学附属図書館編『江戸前期の湯島聖堂―筑波大学資料による復元研究成果の公開―』筑波大学附属図書館，筑波大学芸術専門学科，2005.
辻本雅史『「学び」の復権―模倣と習熟―』角川書店，1999（のち岩波書店）．
辻本雅史編『教育の社会文化史』（財）放送大学教育振興会，2004.
筒井美紀『大学選びより100倍大切なこと』ジャパンマシニスト社，2014.
鶴見俊輔『思い出袋』（岩波新書）岩波書店，2010.
鶴見俊輔・山本明編著『抵抗と持続』世界思想社，1979.
東京大学教養学部国文・漢文学部会編『古典日本語の世界―漢字がつくる日本』東京大学出版会，2007.
同志社大学企画部広報室広報課『同志社大学データブック2015』同志社大学，2014.
同志社大学企画部広報室広報課『繋ぐ想い―新島八重と同志社』同志社大学，2014.
仲新・石川松太郎・結城陸郎・久木幸男編『日本子どもの歴史』（全7巻）第一法規出版，1977.
中島誠編著『全学連―'70年安保と学生運動―』（三一新書）三一書房，1968.
中野正夫『ゲバルト時代　Since 1967～1973』（ちくま文庫）筑摩書房，2011.
中村士監修・プライム湧光責任編集『図説日本の暦と和算―江戸の暮らしを支えた先人の知恵！―』（青春新書）青春出版社，2012.
西平直『世阿弥の稽古哲学』東京大学出版会，2009.
（財）日本修学旅行協会編『教育文化遺産をたずねる』山川出版社，2012.
林幹彌『太子信仰』評論社，1980.
伴野準一『全学連と全共闘』（平凡社新書）平凡社，2010.
ピーター・ミルワード，松本たま訳『ザビエルの見た日本』（講談社学術文庫）講談社，1998.
久木幸男『日本古代学校の研究』玉川大学出版部，1990.
久木幸男『教育史の窓から』第一法規，1990.
久木幸男『続教育史の窓から』第一法規，1996.
廣池千九郎『新編　小学修身用書　巻之二』モラロジー研究所，2014.
堀内敬三『定本　日本の軍歌』（実日新書）実業之日本社，1977.
光川康雄「聖徳太子の学問に関する一視点」『パイデイア』22，1985.
光川康雄「〈教材〉聖徳太子管見」『パイデイア』26，1989.
光川康雄「明治20～30年代における聖徳太子観の変遷」『日本教育史往来』45，1987.
光川康雄「聖徳太子」ほか　笠井昌昭他編『日本思想史辞典』山川出版社，2009.
光川康雄「日本人と信仰」星村平和・金子邦秀他編『日本史教育における感性と情緒』教育出版，1989.

光川康雄「[新刊図書紹介] 新川登亀男『聖徳太子の歴史学：記憶と創造の1400年』」『教育史フォーラム・京都　ニューズレター』4，2007.
光川康雄「聖徳太子伝障子絵について」『博物学年報』19，1987.
宮坂朋幸「近代化の中の教育（1870～1900年）」山田恵吾編著『日本の教育文化史を学ぶ―時代・生活・学校―』ミネルヴァ書房，2014.
村山吉廣『藩校―人を育てる伝統と風土―』明治書院，2011.
本井康博『新島襄と建学精神―「同志社科目」テキスト―』同志社大学出版部，2005.
桃裕行『上代学制の研究』1947年初版→のち『桃裕行著作集1』思文閣出版，1994.
桃裕行『上代学制論攷』（桃裕行著作集2）思文閣出版，1993.
森川輝紀『増補版教育勅語への道』三玄社，2011（初版1990）．
森川輝紀『教養の教育学』三玄社，2015.
柳田国男『小さき者の声（柳田国男傑作選）』（角川ソフィア文庫）角川書店，2013.
山折哲雄『これを語りて日本人を戦慄せしめよ　―柳田国男が言いたかったこと―』（新潮選書）新潮社，2014.
山下柚実『年中行事を五感で味わう』（岩波ジュニア新書）岩波書店，2009.
山住正己『音楽と教育を考える』（ほるぷ新書）ほるぷ総連合・ほるぷ教育開発研究所，1974.
山本眞功監修『商家の家訓―商いの知恵と掟―』（青春新書）青春出版社，2005.
山本眞功編註『家訓集』（東洋文庫）平凡社，2001.
山本眞功『「家訓」から見えるこの国の姿』（平凡社新書）平凡社，2013.
吉海直人『百人一首への招待』筑摩書房，1998.
吉海直人編『百人一首研究ハンドブック』おうふう，1996.
吉海直人『新島八重―愛と闘いの生涯―』角川書店，2013.
吉田正・中嶋昌彌・矢谷慈國編『「学び」の人間学』晃洋書房，1998.
ルイス・フロイス，岡田章雄訳注『ヨーロッパ文化と日本文化』（岩波文庫）岩波書店，1991.
歴史科学協議会編『歴史の「常識」を読む』東京大学出版会，2015.
れんだいこ『検証　学生運動　上巻　戦後史のなかの学生反乱』社会批判社，2009.
れんだいこ『検証　学生運動　下巻　学生運動の再生は可能か？』社会批判社，2011.
渡辺裕『歌う国民―唱歌，校歌，うたごえ』（中公新書）中央公論新社，2010.

Ⅱ部

Assagioli, R. *Psychosynthesis*, The Viking Press, 1971.
Astin, A. W. & Astin, H. S. *Cultivating the Spirit*, Jossey-Bass, 2011.
Barbezat, D. P. & Mirabai Bush, *Contemplative Practices in Higher Education*, Jossey-Bass, 2014.
Colalillo Kates, I. & Harvey, C. L. eds. *The Wheel of Soul in Education*. Sense Publications, 2010.

引用・参考文献

Hart, T. *The Secret Spiritual World of Children*, Inner Ocean Publishing, 2003.
Hay, D. with Nye, R. *The Spirit of the Child*, Revised Edition, Jessica Kingsley Publishers, 2006.
Huxley A. *Huxley and God : Essays*, Bridgeman, J. H. ed. HarperCollins, 1992.
Kessler, R. *The Soul of Education*, ASCD, 2000.
Lantieri, L. & Goleman, D. *Building Emotional Intelligence*, Sounds True, 2008.
Miller, J. P. *Whole Child Education*, University of Toronto Press, 2010.
Miller, J. P. *The Contemplative Practitioner : Meditation in Education and Workplace.* Second Edition, University of Toronto Press, 2014.
Nakagawa, Y. *Education for Awakening : An Eastern Approach to Holistic Education*, Foundation for Educational Renewal, 2000.
Schoeberlein, D. *Mindful Teaching and Teaching Mindfulness*, Wisdom Publications, 2009.
Simmer-Brown, J. & Grace, F. eds. *Meditation and the Classroom*, SUNY Press, 2011.
Zajonc, A. *Meditation as Contemplative Inquiry*, Lindisfarne, 2009.

アームストロング，T．中川吉晴訳『光を放つ子どもたち』日本教文社，1996．
秋田市立秋田商業高等学校ビジネス実践ユネスコスクール班編『ユネスコスクールによるESDの実践』アルテ，2013．
アサジョーリ，R．国谷誠朗・平松園枝訳『意志のはたらき』誠信書房，1989．
アサジョーリ，R．国谷誠朗・平松園枝訳『サイコシンセシス』誠信書房，1997．
井筒俊彦『神秘哲学』井筒俊彦著作集1，中央公論社，1991．
井筒俊彦『意識と本質』岩波文庫，1991．
伊東博『身心一如のニュー・カウンセリング』誠信書房，1999．
稲瀬吉雄『クリシュナムルティ―その対話的精神のダイナミズム』コスモス・ライブラリー，2013．
井之口淳三『コメニウス教育学の研究』ミネルヴァ書房，1998．
イライアス，M. J. 他，小泉令三編訳『社会性と感情の教育』北大路書房，1999．
イリッチ，I．東洋・小澤周三訳『脱学校の社会』東京創元社，1977．
岩間浩『ユネスコの源流を尋ねて―新教育連盟と神智学協会』学苑社，2008．
上田閑照編，鈴木大拙『新編 東洋的な見方』岩波文庫，1997．
上田閑照『私とは何か』岩波新書，2000．
レイヴ，J．，ウェンガー，E．佐伯胖・福島真人訳『状況に埋め込まれた学習』産業図書，1993．
NHKドキュメンタリーWAVE取材班，アグネス・チャン『ブータン―幸せの国の子どもたち』東京書籍，2013．
エリアーデ，M．堀一郎訳『生と再生』東京大学出版会，1971．
小笠原道雄『フレーベル』清水書院，2000．

カッシーラー，E. 宮城音弥訳『人間―シンボルを操るもの』岩波文庫，1997．
カバットジン，J. 春木豊訳『マインドフルネス・ストレス低減法』北大路書房，2007．
カヘーテ，G. 塚田幸三訳『インディアンの環境教育』日本経済評論社，2009．
鎌田東二編『スピリチュアリティと教育』ビイング・ネット・プレス，2015．
河合隼雄『生と死の接点』岩波現代文庫，2009．
川島清吉『プラトンのアカデメイア』公論社，1977．
カント，I. 勝田守一・伊勢田耀子訳『教育学講義他』明治図書，1971．
キャンベル，J. 平田武靖・浅輪幸夫監訳『千の顔をもつ英雄』上下，人文書院，1984．
京田辺シュタイナー学校編著『小学生と思春期のためのシュタイナー教育』学研，2006．
京田辺シュタイナー学校編著『親と先生でつくる学校』せせらぎ出版，2015．
クインティリアヌス，M. F. 森谷宇一，渡辺浩司，戸高和弘，伊達立晶，吉田俊一郎訳『弁論家の教育』1～3，京都大学学術出版会，2005，2009，2013．
久保隆司『ソマティック心理学』春秋社，2011．
クマール，S. 尾関修・尾関沢人訳『君あり，故に我あり』講談社学術文庫，2005．
グラバア俊子『新・ボディワークのすすめ』創元社，2000．
クリシュナムルティ，J. 大野純一訳『英知の教育』春秋社，1988．
クリシュナムルティ，J. 藤仲孝司訳『子供たちとの対話』平河出版社，1992．
クリシュナムルティ，J. 大野純一訳『クリシュナムルティの教育原理』コスモス・ライブラリー，2007．
クリシュナムルティ，J. 小林真行訳『アートとしての教育』コスモス・ライブラリー，2010．
クリシュナムルティ，J. 中川吉晴訳『スタンフォードの人生観が変わる特別講義』PHP研究所，2013．
ケイ，E. 小野寺信・小野寺百合子訳『児童の世紀』冨山房，1979．
ゲーレン，A. 亀井裕・滝浦静雄他訳『人間学の探究』紀伊國屋書店，1970．
ゴールマン，D. 土屋京子訳『EQ』講談社，1996．
コゾル，J. 石井清子訳『自分の学校をつくろう』晶文社，1987．
コメニウス，J. A. 井之口淳三訳『世界図絵』ミネルヴァ書房，1988．
コメニウス，J. A. 太田光一訳『パンパイデイア―生涯にわたる教育の改善』東信堂，2014．
コメニュウス，J. A. 鈴木秀勇訳『大教授学』1・2，明治図書，1969，1973．
シスター・トルードウ，C. M. 三宅将之訳『コスミック教育の形成―インドにおけるモンテッソーリ』エンデルレ書店，1990．
清水満『生のための学校―デンマークで生まれたフリースクール「フォルケホイスコーレ」の世界』新評論，1996．
シュタイナー，R. 佐々木正昭訳『現代の教育はどうあるべきか』人智学出版社，1985．
シュタイナー，R. 高橋巖訳『教育の基礎としての一般人間学』筑摩書房，1989．
シュタイナー，R. 高橋巖訳『教育芸術』1・2，筑摩書房，1989．
シュタイナー，R. 新田義之訳『オックスフォード講義』イザラ書房，2001．

引用・参考文献

シュタイナー，R. 高橋巌訳『子どもの教育』筑摩書房，2003.
シュタイナー，R. 西川隆範訳『人間理解からの教育』ちくま学芸文庫，2013.
シュタイナー学園編『シュタイナー学園のエポック授業』せせらぎ出版，2012.
ショーン，D. 柳沢昌一・三輪建二監訳『省察的実践とは何か』鳳書房，2007.
鈴木晶子『イマヌエル・カントの葬列』春秋社，2006.
鈴木大拙『日本的霊性』岩波文庫，1972.
セルバー，C. 齊藤由香訳『センサリー・アウェアネス』ビイング・ネット・プレス，2014.
竹内敏晴『ことばが劈かれるとき』ちくま文庫，1988.
竹内敏晴『竹内レッスン』春風社，2006.
張鍾元，上野浩道訳『老子の思想』講談社学術文庫，1987.
辻信一『英国シューマッハー校—サティシュ先生の最高の人生をつくる授業』講談社，2013.
ティク・ナット・ハン，岡田直子訳『怒り』サンガ，2011.
ティク・ナット・ハン，山端法玄・島田啓介訳『ブッダの〈気づき〉の瞑想』野草社，2011.
ティク・ナット・ハン，島田啓介訳『ブッダの〈呼吸〉の瞑想』野草社，2012.
ティク・ナット・ハン，池田久代訳『〈気づき〉の奇跡』春秋社，2014.
ティク・ナット・ハン，磯崎ひとみ訳『ブッダが教える「生きる力」の育て方』KADOKAWA，2015.
デューイ，J. 宮原誠一訳『学校と社会』岩波文庫，1957.
デューイ，J. 松野安男訳『民主主義と教育』上下，岩波文庫，1975.
デューイ，J. 市村尚久訳『経験と教育』講談社学術文庫，2004.
長尾十三二・福田弘『ペスタロッチ』清水書院，1991.
中川吉晴・金田卓也編『ホリスティック教育ガイドブック』せせらぎ出版，2003.
中川吉晴『ホリスティック臨床教育学』せせらぎ出版，2005.
中川吉晴『気づきのホリスティック・アプローチ』駿河台出版社，2007.
永田佳之『オルタナティブ教育』新評論，2006.
永田佳之・吉田敦彦編『持続可能な教育と文化』せせらぎ出版，2008.
中野光『大正自由教育の研究』黎明書房，1968.
ニイル，A. S. 霜田静志訳『人間育成の基礎』改訂版，誠信書房，1971.
西村皓『生の教育学研究』世界書院，1981.
日本人間性心理学会編『人間性心理学ハンドブック』創元社，2012.
野口晴哉『潜在意識教育』全生社，1966.
野口三千三『原初生命体としての人間』岩波現代文庫，2003.
ノディングズ，N. 立山善康他訳『ケアリング』晃洋書房，1997.
ノディングズ，N. 佐藤学監訳『学校におけるケアの挑戦』ゆみる出版，2007.
ノディングズ，N. 山崎洋子・菱刈晃夫監訳『幸せのための教育』知泉書館，2008.
バーカー，S. 片桐ユズル監修，北山耕平訳『アレクサンダー・テクニーク入門』ビイング・ネット・プレス，2006.

パーマー，P. 小見のぞみ・原真和訳『教育のスピリチュアリティ』日本キリスト教団出版局，2008.
パーマー，P. 吉永契一郎訳『大学教師の自己改善―教える勇気』玉川大学出版部，2000.
ハクスレー，A. 片桐ユズル訳『島』人文書院，1980.
ハクスレー，A. 片桐ユズル訳『ハクスレーの集中講義』人文書院，1983.
ハクスレー，A. 横山貞子訳『ハクスリーの教育論』人文書院，1986.
ハクスリー，A. 片桐ユズル訳『多次元に生きる』コスモス・ライブラリー，2010.
ブルデュー，P．，パスロン，J.-C. 宮島喬訳『再生産』藤原書店，1991.
菱刈晃夫『近代教育思想の源流―スピリチュアリティと教育』成文堂，2005.
平松園枝『サイコシンセシスとは何か』トランスビュー，2011.
廣川洋一『プラトンの学園アカデメイア』講談社学術文庫，1999.
広田照幸『ヒューマニティーズ　教育学』岩波書店，2009.
弘中和彦，ガンディー，M．，タゴール，R. 弘中和彦訳『万物帰一の教育』明治図書，1990.
ファン・ヘネップ，A. 綾部恒雄・綾部裕子訳『通過儀礼』岩波文庫，2012.
フェルッチ，P. 国谷誠朗・平松園枝訳『内なる可能性』誠信書房，1994.
フェルッチ，P. 平松園枝・手塚郁恵訳『人間性の最高価値』上下，誠信書房，1999.
藤田輝夫編『コメニウスの教育思想』法律文化社，1992.
ブラウン，M. Y. 国谷誠朗・平松園枝訳『花開く自己』誠信書房，1999.
プラトン，藤沢令夫訳『国家』上下，岩波文庫，1979.
プラトン，田中美知太郎・藤澤令夫訳『ソクラテスの弁明ほか』中央公論社，2002.
ブリッジズ，W. 倉光修・小林哲郎訳『トランジション』創元社，1994.
フレイレ，P. 小沢有作・楠原彰・柿沼秀雄・伊藤周訳『被抑圧者の教育学』亜紀書房，1979.
フレーベル，F. W. A. 荒井武訳『人間の教育』上下，岩波文庫，1964.
ペスタロッチ，J. H. 虎竹正之訳『探究』玉川大学出版部，1966.
ペスタロッチー，J. H. 長田新訳『隠者の夕暮・シュタンツだより』岩波文庫，1993.
ペスタロッチー，J. H. 前原寿・石橋哲成訳『ゲルトルート教育法・シュタンツ便り』玉川大学出版部，1987.
ヘルバルト，J. F. 三枝孝弘訳『一般教育学』明治図書，1980.
堀内守『コメニウスとその時代』玉川大学出版部，1984.
ホルト，J. 大沼安史訳『なんで学校へやるの』一光社，1984.
ポルトマン，A. 高木正孝訳『人間はどこまで動物か』岩波新書，1961.
ボルノウ，O. F. 岡本英明訳『フレーベルの教育学』理想社，1973.
ボルノウ，O. F. 森昭・岡田渥美訳『教育を支えるもの』黎明書房，2006.
ボルノー，O. F. 峰島旭雄訳『実存哲学と教育学』理想社，1966.
ボルノー，O. F. 浜田正秀訳『哲学的教育学入門』玉川大学出版部，1973.
マーティン，J. R. 生田久美子監訳『スクールホーム』東京大学出版会，2007.
増谷文雄『正法眼蔵』一，講談社学術文庫，2004.

引用・参考文献

松木正『あるがままの自分を生きていく』大和書房，2013.
丸山圭三郎『文化のフェティシズム』勁草書房，1984.
ミラー，A. 山下公子訳『魂の殺人』新曜社，1983.
ミラー，J. P. 吉田敦彦・中川吉晴・手塚郁恵訳『ホリスティック教育』春秋社，1994.
ミラー，J. P. 中川吉晴・吉田敦彦・桜井みどり訳『ホリスティックな教師たち』学研，1997.
ミラー，J. P. 中川吉晴監訳『魂にみちた教育』晃洋書房，2010.
村井実『ソクラテス』上下，講談社学術文庫，1977.
メジロー，J. 金澤睦・三輪建二監訳『おとなの学びと変容』鳳書房，2012.
森昭『改訂二版 現代教育学原論』国土社，1973.
モンテッソーリ，M. 鼓常良訳『幼児の秘密』国土社，1968.
モンテッソーリ，M. 鼓常良訳『子どもの発見』国土社，1971.
モンテッソーリ，M. 鼓常良訳『子どもの心』国土社，1971.
モンテッソーリ，M. 田中正浩訳『人間の可能性を伸ばすために』エンデルレ書店，1992.
矢野智司『自己変容という物語』金子書房，2000.
ヤン・パトチカ，相馬伸一・宮坂和男・矢田部順二訳『ヤン・パトチカのコメニウス研究』九州大学出版会，2014.
ユクスキュル，J. v., クリサート，G. 日高敏隆・羽田節子訳『生物から見た世界』岩波文庫，2005.
吉田敦彦『ホリスティック教育論』日本評論社，1999
吉田敦彦『世界のホリスティック教育』日本評論社，2009.
リット，T. 石原鉄雄訳『教育の根本問題』明治図書，1971.
ルソー，J. J. 今野一雄訳『エミール』上中下，岩波文庫，1962.
ローエン，A. 国永史子訳『からだは嘘をつかない』春秋社，2008.
ローエン，A. 中川吉晴・国永史子訳『うつと身体』春秋社，2009.

Ⅲ部

Ennis, R. H. John McPeck's Teaching critical thinking. *Educational Studies*, 23 (4), 1992, 462-472.

Kohlberg, L. "The Claim to Moral Adequacy of a Highest Stage of Moral Judgment". *Journal of Philosophy*, 70 (18), 1973, 630-646.

Krashen, S.D. *Second language acquisition and second language learning*. Oxford, UK : Pergamon Press, 1981.

Krashen, S. Principles and Practice in Second Language Acquisition. Pergamon Press, 1982.

井上智義「外国語の偶発的な習得とコミュニケーション能力」新しい教育心理学者の会『心理学者教科教育を語る』北大路書房，1995，p. 214-223.
井上智義「外国語教育における目標とそれぞれに適した教員方法：英語学習における認

知と心理の問題を中心に」児童心理学の進歩，金子書房，2011，151-174.
井上智義「バイリンガル教育」ろう教育科学会編『聴覚障害教育の歴史と展望』風間書房，2012，p.238-240.
今井信一「イマージョン・プログラムを受けた生徒の英語能力に関する研究」日本教育心理学会第52回総会発表論文集，2010.
小貫仁「学校における教育方法をめぐる一考察：参加型学習の変遷とその課題」開発教育協会編『開発教育2007/Vol.54』明石書店，2007.
川本宇之介『ろう言語教育新講』（復刻版）湘南出版，1981，p.18-19，p.24-25.
楠見孝「帰納的推論と批判的思考」市川伸一編『思考』（認知心理学4）東京大学出版会，1996.
楠見孝「批判的思考と高次リテラシー」楠見孝編『思考と言語』（現代の認知心理学3）北大路書房，2010，p.134-160.
小泉令三「転校児童の新しい学校への適応過程」教育心理学研究，34，1996，298-296.

[執筆者]

光川康雄（みつかわ・やすお）
1975 同志社大学文学部文化学科教育学専攻卒業
1985 同志社大学大学院文学研究科文化史学専攻博士前期課程修了（文学修士）
1988 同志社大学大学院文学研究科博士後期課程単位取得退学
現在 同志社大学社会学部嘱託講師
主著 『人物で見る日本の教育　第2版』（分担執筆，ミネルヴァ書房，2015），『日本思想史辞典』（項目執筆，山川出版社，2009），『文化史学の挑戦』（分担執筆，思文閣出版，2005），『日本史教育における感性と情緒』（分担執筆，教育出版，1989）

中川吉晴（なかがわ・よしはる）
1981 同志社大学文学部卒業
1983 同志社大学文学研究科博士前期課程修了
1986 同志社大学文学研究科博士後期課程退学
2000 トロント大学大学院オンタリオ教育研究所博士課程修了（Ph.D.）
現在 同志社大学社会学部教育文化学科教授
主著 『ホリスティック臨床教育学』（単著，せせらぎ出版，2005），『気づきのホリスティック・アプローチ』（単著，駿河台出版社，2007），『スピリチュアリティと教育』（共著，ビイング・ネット・プレス，2015）

井上智義（いのうえ・ともよし）
1978 京都大学教育学部卒業
1980 京都大学大学院教育学研究科博士前期課程修了
1982 京都大学大学院教育学研究科博士後期課程中途退学
1997 京都大学博士（教育学）
2005 同志社大学社会学部教授
2018 同志社大学名誉教授
主著 『発達と教育』（共著，樹村房，2012），『誤解の理解』（編著，あいり出版，2009），『教育の方法』（共著，樹村房，2007），『福祉の心理学』（単著，サイエンス社，2004）

教育の原理 歴史・哲学・心理からのアプローチ

2016年3月18日　初版第1刷発行
2020年9月1日　初版第3刷

著　者 ©	光川　康雄 中川　吉晴 井上　智義
〈検印省略〉	
発行者	大塚　栄一

発行所　株式会社 **樹村房** JUSONBO

〒112-0002
東京都文京区小石川5-11-7
電　話　　03-3868-7321
ＦＡＸ　　03-6801-5202
振　替　　00190-3-93169
http://www.jusonbo.co.jp/

印刷　亜細亜印刷株式会社
製本　有限会社愛千製本所

ISBN 978-4-88367-261-5　乱丁・落丁本は小社にてお取り替えいたします。